AF166340

Quick Guide

Reihe herausgegeben von
Springer Fachmedien Wiesbaden
Wiesbaden, Deutschland

Quick Guides liefern schnell erschließbares, kompaktes und umsetzungsorientiertes Wissen. Leser erhalten mit den Quick Guides verlässliche Fachinformationen, um mitreden, fundiert entscheiden und direkt handeln zu können.

Paul Steiner

Quick Guide Duftmarketing

Wie Sie mit Duftstoffen Ihre Marke stärken

2. Auflage

Paul Steiner
München, Deutschland

ISSN 2662-9240 ISSN 2662-9259 (electronic)
Quick Guide
ISBN 978-3-658-48876-5 ISBN 978-3-658-48877-2 (eBook)
https://doi.org/10.1007/978-3-658-48877-2

Die Deutsche Nationalbibliothek verzeichnet diese Publikation in der Deutschen Nationalbibliografie; detaillierte bibliografische Daten sind im Internet über https://portal.dnb.de abrufbar.

Springer Gabler ist ein Imprint der eingetragenen Gesellschaft Springer Fachmedien Wiesbaden GmbH und ist ein Teil von Springer Nature.
Die Anschrift der Gesellschaft ist: Abraham-Lincoln-Str. 46, 65189 Wiesbaden, Germany

Wenn Sie dieses Produkt entsorgen, geben Sie das Papier bitte zum Recycling.

Für Hansi Opa

Vorwort

Das vorliegende Buch ist eine kompakte Einführung in das Thema Duft Marketing und bietet zahlreiche pragmatische Hilfestellungen für die Umsetzung. Für die Unternehmenspraxis werden wichtige Ansatzpunkte zur olfaktorischen Gestaltung von Marken geliefert, die durch konkrete Beispiele – Singapore Airlines und MINI – illustriert werden. Interviews mit renommierten Experten aus Wissenschaft und Praxis runden das Buch ab. Dieses vorliegende Werk ist eine erweiterte und aktualisierte Fassung der 1. Auflage meines Buches „Duft Marketing" aus 2022.
Meine weiteren Werke in ihrer aktuellen Fassung:

Steiner, Paul:
Quick Guide Multisensorisches Marketing. Wie Sie mit allen Sinnen Ihre Marke stärken. 2. Auflage.
Springer Gabler, 2025

Steiner, Paul:
Quick Guide Sound Marketing. Wie Sie mit akustischen Reizen Ihre Marke stärken. 2. Auflage.

Springer Gabler, 2025

Steiner, Paul:
Quick Guide Sound Websites. Wie Sie mit Sound Websites Ihre Marke stärken.
Springer Gabler, 2023

Steiner, Paul:
Quick Guide Visuelles Marketing. Wie Sie mit visuellen Reizen Ihre Marke stärken.
Springer Gabler, 2023

Steiner, Paul:
Quick Guide Haptisches Marketing. Wie Sie mit haptischen Reizen Ihre Marke stärken.
Springer Gabler, 2023

Steiner, Paul:
Sensory Branding. Grundlagen multisensualer Markenführung
3., aktualisierte und erweiterte Auflage
Springer Gabler, 2020

Steiner, Paul:
Sound Branding. Grundlagen akustischer Markenführung.
3., aktualisierte und erweiterte Auflage
Springer Gabler, 2018

Steiner, Paul:
Akustisches Markendesign. Nutzerspezifische Wirkung akustischer Marken-Websites
Springer Gabler, 2015

Meinen Eltern möchte ich insbesondere dafür herzlich danken, dass sie mir in jedem Lebensabschnitt zur Seite standen und meine Ziele und Vorhaben stets gefördert haben.

Meiner Ehefrau Kathy möchte ich recht herzlich Danke sagen. Sie hat mir ihre liebevolle Geduld im gesamten Verlauf dieses Buchprojektes entgegengebracht und mich in jeder Beziehung unglaublich unterstützt.

Meinen Söhnen Leonhard und Benedikt möchte ich ebenfalls danken. Beide bereichern mein Leben Tag für Tag und halten mich fit.

Es ist mir ein besonderes Anliegen, die vorliegende Arbeit dem Groß vater meiner Söhne – Hansi Opa – zu widmen.

Herr Maximilian David von den Springer Fachmedien hat das Buchprojekt tatkräftig und umsichtig unterstützt. Herzlichen Dank dafür!

Um von den Überlegungen und Anregungen der Leser des Buches zu profitieren, bin ich für eine angeregte Diskussion sowie Ergänzungs- und Optimierungsvorschläge dankbar. Ihre Vorschläge und Diskussionsbeiträge können Sie gerne direkt an mich per E-Mail übermitteln: steiner-paul@gmx.at.

Ich freue mich auf eine lebhafte Diskussion und wünsche Ihnen viel Spaß beim Lesen und Anregungen für die tägliche Arbeit.

Baden bei Wien   Paul Steiner
im Juni 2024

Inhaltsverzeichnis

1 Einleitung   1
Literatur   6

2 Wahrnehmung und Wirkung olfaktorischer Reize   9
2.1 Wahrnehmung von Sinnesreizen   10
2.2 Kennzeichen und Ansprache des olfaktorischen
Sinnessystems   14
    2.2.1 Der Aufbau des Geruchsorgans   15
    2.2.2 Gestaltungsparameter olfaktorischer
Sinneseindrücke   17
2.3 Kennzeichen und Ansprache weiterer Sinne   19
    2.3.1 Das Auge   19
    2.3.2 Das Ohr   22
    2.3.3 Die Haut   27
    2.3.4 Die Zunge   31
2.4 Integration der Sinnessysteme   34
Literatur   37

3 Markenrecht – Die Duftmarke   41
Literatur   47

4   Duftmarketing   49
4.1   Der Einfluss der Olfaktorik auf die
      Markenwahrnehmung   57
4.2   Der Einfluss weiterer Sinne auf die
      Markenwahrnehmung   65
      4.2.1   Der Einfluss der Optik auf die
              Markenwahrnehmung   65
      4.2.2   Der Einfluss der Akustik auf die
              Markenwahrnehmung   67
      4.2.3   Der Einfluss der Haptik auf die
              Markenwahrnehmung   75
      4.2.4   Der Einfluss der Gustatorik auf die
              Markenwahrnehmung   77
4.3   Erfolgsfaktoren für olfaktorische Markenführung   77
4.4   Risiken der olfaktorischen Markenführung   80
Literatur   83

5   Praxisbeispiele olfaktorischer Marken   89
5.1   Singapore Airlines   90
5.2   MINI   93
Literatur   96

6   Fazit und Ausblick   97

7   Experteninterviews   103

Über den Autor

Paul Steiner ist promovierter Sozial- und Wirtschaftswissenschafter. Neben seiner Promotion mit Auszeichnung zum Dr. rer. soc. oec. an der Wirtschaftsuniversität Wien, erhielt er ein Leistungsstipendium der Wirtschaftsuniversität Wien und den Rudolf Sallinger-Preis für seine Diplomarbeit „Sensory Branding". Herausragende akademische Leistungen hat Herr Dr. Steiner in all seinen erfolgreich abgeschlossenen Studien (Sozial- und Wirtschaftswissenschaften, Betriebswirtschaft, Musikmanagement, Audio Engineering) erzielt.

Seit 20 Jahren verantwortet er strategisch bedeutsame Projekte mit hoher Komplexität in der Bauindustrie, Finanzdienstleistungsbranche und Automobilindustrie. U. a. war er als Spezialist für akustische Markenführung in die strategische Planung und das Projektmanagement des neuen BMW Sound Logos, das 2013 den begehrten Red Dot Award erhielt, involviert. Er ist Autor der Fachbücher „Quick Guide Multisensorisches Marketing" (2025), „Quick Guide Sound Marketing" (2025), „Quick Guide Sound Websites" (2023), „Quick Guide Visuelles Marketing" (2023), „Quick Guide Haptisches Marketing" (2023), „Quick Guide Duftmarketing" (2022), „Sensory Branding" (2020), „Sound Branding" (2018) und „Akustisches Markendesign" (2015).

Kontakt: https://www.linkedin.com/in/dr-paul-steiner-728265b2.

1

Einleitung

Was Sie aus diesem Kapitel mitnehmen

- Welche Herausforderungen Unternehmen in der Markenkommunikation haben.
- Wie viele Marken in Deutschland registriert sind.
- Welche Klassen von Marken unterschieden werden.
- Welchen Vorteil Duftmarketing für Unternehmen bietet.

Marken nehmen für Unternehmen und deren Anspruchsgruppen (Konsumenten, Mitarbeiter, Aktionäre etc.) eine bedeutende Stellung ein. So übernehmen Marken, die „als ein in der Psyche des Konsumenten verankertes, unverwechselbares Vorstellungsbild von einem Produkt oder einer Dienstleistung" (Meffert & Burmann, 1998) verstanden werden können, eine Identifikationsfunktion und Differenzierungsfunktion für Konsumenten und ermöglichen ihnen Orientierung in der Vielfalt der Angebote und schaffen Vertrauen. Eine erfolgreich geführte Marke realisiert nicht nur eine höhere Loyalität und Bindung der Zielgruppen, sondern bietet darüber hinaus eine Plattform für die Erschließung neuer Märkte.

© Der/die Autor(en), exklusiv lizenziert an Springer Fachmedien Wiesbaden GmbH, ein Teil von Springer Nature 2025
P. Steiner, *Quick Guide Duftmarketing*, Quick Guide,
https://doi.org/10.1007/978-3-658-48877-2_1

Grundsätzlich sind drei Klassen von Marken zu unterscheiden, nämlich „Niedrigpreismarken", „Value-Marken" der Mittelpreislage und „Premiummarken" der Höchstpreislage. Letztere sind durch die Realisierung eines Preispremiums gekennzeichnet, das aus überlegenen Produkt- und Imageeigenschaften resultiert. Premiummarken sind zudem durch eine hohe Qualitäts- oder Leistungsorientierung charakterisiert und zwar sowohl in einem rational-ökonomischen Sinne (Grundnutzen) als auch in einem mehr emotional-psychologischen Sinne (Zusatznutzen).

Marken bieten dem Unternehmen einen preispolitischen Spielraum und können dadurch zu einer Wertsteigerung des Unternehmens führen. Zudem dienen Marken der Differenzierung des eigenen Angebots vom Wettbewerb, führen (idealerweise) zu einer Präferenzbildung beim Verbraucher und erhöhen die Attraktivität des Unternehmens für High-Potential Mitarbeiter. Starke Marken realisieren im Gegensatz zu schwachen Marken eine höhere Markenloyalität und -bindung und bieten eine Plattform für neue Produkte. Starke Marken sind zentrale immaterielle Wertschöpfer in Unternehmen und verfügen über eine besondere emotionale Schubkraft.

Aus Sicht der Konsumenten erfüllen Marken eine Qualitäts-, Garantie- und Vertrauensfunktion, denn sie versprechen gleichbleibende Qualität und grenzen damit das Risiko eines Fehlkaufes stark ein. Außerdem fungieren Marken als Orientierungs- und Entscheidungshilfe. So assoziieren Konsumenten mit einer Marke verschiedene funktionale und emotionale Eigenschaften. Dadurch erleichtern sie die Kaufentscheidung. Letztlich ergibt sich das Markenerlebnis „aus der multisensorischen Wahrnehmung und Verarbeitung aller Signale, die von der Marke an allen Markenberührungspunkten an den Nachfrager ausgesendet werden" (Burmann et al., 2018).

Beim Deutschen Patent- und Markenamt (DPMA) wurden 2024 insgesamt 77.221 Neuanmeldungen von nationalen Marken verzeichnet. Das sind 2,6 % mehr als im Jahr zuvor. Die Unternehmen mit den meisten eingetragenen Marken im Jahr 2024 sind die Boehringer Ingelheim International GmbH (135 Marken), gefolgt von der Point Commerce B.V. (95 Marken) und der Henkel AG & Co. KGaA (56 Marken). Insgesamt umfasst der Markenbestand des DPMA 897.701 Marken (DPMA, 2024).

Zu den wichtigsten Ursachen für diese wachsende Produkt- und Markenvielfalt zählen u. a. die zunehmende Marktsegmentierung, die drastische Verkürzung der Produktlebenszyklen, der Zwang zur Entwicklung neuer Produkte und Produktvarianten und die steigende Internationalisierung und der daraus resultierende Markteintritt neuer Wettbewerber. Hinzu kommt noch eine Verschiebung der Grenzen potenzieller neuer Wettbewerber durch neue Informations- und Kommunikationstechniken.

Neben der Inflation von Produkten und Marken haben sowohl die kommunikativen Maßnahmen als auch die Zahl der Medien rapide zugenommen. Wie eine Studie von Keller und Fischer (2008) zeigt, ist durch die größere Mediennutzung der Informationsüberschuss in den letzten Jahren noch größer geworden. Dies stößt zunehmend auf wenig involvierte Konsumenten, die auf die vorherrschende „Informationsflut" mit flüchtigem Informationsverhalten reagieren. So wird beispielsweise eine Werbeanzeige im Durchschnitt nur zwei Sekunden lang betrachtet (Kroeber-Riel & Esch, 2015). Zudem sind den Informationsaufnahmekapazitäten der Konsumenten enge Grenzen gesetzt. Nach einer Berechnung des Instituts für Konsum- und Verhaltensforschung in Deutschland werden weniger als zwei Prozent der durch Massenmedien angebotenen Informationen aufgenommen (Kroeber-Riel & Gröppel-Klein, 2019).

Die wachsende Produkt- und Markenvielfalt und der inflationäre Gebrauch kommunikativer Maßnahmen haben zu einer zunehmenden Überforderung und Desorientierung der Konsumenten geführt. Die daraus resultierende Verwirrung der Konsumenten durch Marken wird als „Brand Confusion" (Schweizer & Rudolph, 2004) bezeichnet. Diese tritt dann auf, wenn sich Marken in ihrem kommunikativen Auftritt kaum unterscheiden und folglich eine große Verwechslungsgefahr besteht oder die Marken häufiger ihren Auftritt wechseln.

Vor dem Hintergrund sich rasch ändernder Marktbedingungen ist eine einfache Fortschreibung traditioneller Markenführungsansätze nicht mehr zeitgemäß. Die identitätsbasierte Markenführung, dessen Konzept-Entwicklung auf einem „kontinuierlichen Wandel des Verständnisses vom Gegenstand der Marke" (Blinda, 2003) beruht, bietet in dieser Situation einen erfolgversprechenden Ansatz zur Neuorientierung des Markenmanagements. Zu einer ihrer wichtigsten

Aufgaben zählt der Aufbau einer prägnanten Markenidentität, die als Wurzel der Marke interpretiert werden kann. Sie sollte daher Ausgangspunkt aller strategischen und operativen Markenentscheidungen sein. Da der vorliegenden Arbeit das Konzept der identitätsbasierten Markenführung zu Grunde liegt, wird der Definition von Burmann et al. (2018) gefolgt. Demnach ist eine Marke „ein Nutzenbündel mit spezifischen Merkmalen, die dafür sorgen, dass sich dieses Nutzenbündel gegenüber anderen Nutzenbündeln, welche dieselben Basisbedürfnisse erfüllen, aus Sicht relevanter Zielgruppen nachhaltig differenziert" (Burmann et al., 2018). Das Nutzenbündel Marke besteht sowohl aus materiellen als auch immateriellen Komponenten. So werden bei der Marke physisch-funktionale und symbolische Nutzenkomponenten gebündelt. Letztere umfassen neben den schutzfähigen Zeichen wie Namen, Logo und akustischen Signalen auch nicht schutzfähige Zeichen, die den Markenauftritt charakterisieren.

Zum Aufbau von Markenimages und damit zur Differenzierung von Konkurrenzangeboten wird die Markenkommunikation zu einem wesentlichen strategischen Erfolgsfaktor. Durch unterschiedliche kommunikative Maßnahmen in unterschiedlichen Medien verfolgen Unternehmen das Ziel, das eigene Angebot – und damit die eigene Marke – wahrnehmbar in den Köpfen der Zielgruppen zu verankern, sodass es konkurrierenden Angeboten vorgezogen wird. Dazu muss eine Marke im Angebotsmeer nicht nur sichtbar sein, sondern eine Marke benötigt auch ein differenzierendes Profil, ein klares Image und einen Zusatznutzen.

Die Markenkommunikation ist in der heutigen Zeit von einer Synästhesie ihrer Darstellungsmittel gekennzeichnet, da es in der Regel immer mehr Merkmale zugleich sind, die sich beim Konsumenten nachhaltig einprägen. Dadurch wird ein beachtlicher Redundanz- bzw. Vertrautheitseffekt erzeugt, da viele Marken bereits an wenigen Details erkannt werden können, selbst wenn diese nur unvollständig dargestellt werden. Grundsätzlich gilt, dass Marken für Verbraucher eine Bedeutung haben müssen, wobei idealerweise alle Zeichen prägnant dieselbe Bedeutung vermitteln.

Unternehmen stehen vor der Herausforderung, ihre Markenwerte durch möglichst viele Sinne gezielt zu vermitteln, um sich von der

Konkurrenz explizit abzuheben und Konsumenten langfristig an ihre Marke zu binden. Das hat Gültigkeit für alle Sinnesebenen, die Markenzeichen senden können, von der Akustik bis hin zum Duft. Die Bedeutung der verschiedenen Sinne im Rahmen der Markenkommunikation variiert jedoch branchenabhängig. So nehmen u. a. in der Automobil- und Lebensmittelindustrie die unterschiedlichen Sinnesmodalitäten eine hohe Bedeutung ein.

Im Rahmen der Markenführung, insbesondere der identitätsbasierten Markenführung, hat bisher die visuelle Dimension eine dominante Rolle gespielt hat. Balmer charakterisiert diese visuelle Dominanz als „(...) that is clouding over the importance of the other senses of sound, scent, taste and touch." (Balmer, 2001). Aktuelle wissenschaftliche Beiträge stellen die Erweiterungen der visuellen Dimensionen um weitere sensorische Dimension in den Mittelpunkt der Untersuchung.

Neben den schon lange verwendeten visuellen und auditiven Stimuli steigt bei Unternehmen das Interesse am Einsatz anderer Sinnesreize. Die gezielte Ansprache mehrerer Sinne in der Markenkommunikation ist deshalb unverzichtbar, da sich damit die Unternehmens- und Produktmarken von der Konkurrenz explizit abheben und von den Konsumenten in der Flut an Werbeinformationen überhaupt noch wahrgenommen werden können. In Zukunft werden die Konsumenten im Zuge der Markenkommunikation immer öfters auch olfaktorischen, gustatorischen und/oder haptischen Sinneseindrücken ausgesetzt.

Im Rahmen von Duftmarketing, das eine Teildisziplin des Multisensorischen Marketings darstellt, stehen olfaktorische Wahrnehmungsprozesse von Produkten und Dienstleistungen im Zentrum der Betrachtung. Duftmarketing kann sowohl Umgebungsdüfte, Produkt-/Dienstleistungsdüfte, beduftete Werbematerialien oder beduftetes Personal umfassen. Letztlich geht es darum, mithilfe von Duftstoffen den Absatz von Produkten und Dienstleistungen positiv zu beeinflussen bzw. zu steigern, als auch das Markenimage und die Kundenbindung zu stärken.

Ziel der vorliegenden Arbeit ist es, eine kompakte und praxistaugliche Darstellung von Duftmarketing zu geben. Mit der vorliegenden Arbeit werden für die Unternehmenspraxis wichtige Ansatzpunkte zur olfaktorischen Gestaltung von Marken geliefert, die durch konkrete Beispiele illustriert werden. Das Werk richtet sich an Marketing-Verantwortliche,

die ihrem Unternehmen bzw. ihren Marken ein unverwechselbares Duft-
profil verleihen möchten.

Die Arbeit ist in sieben Kapitel gegliedert. Nach dem einleitenden
ersten Kapitel sollen im zweiten Kapitel die theoretischen Grundlagen
zur Wahrnehmung und Wirkung olfaktorischer Reize kompakt vermittelt werden. Das dritte Kapitel beinhaltet die aktuelle Situation zur
Duftmarke im Markenrecht. Das vierte Kapitel beinhaltet die Grundlagen zu Duftmarketing. Das folgende Kapitel umfasst zwei Praxisbeispiele bekannter olfaktorischer Marken, nämlich Singapore Airlines und
MINI. Das sechste Kapitel umfasst das Fazit und einen Ausblick der Arbeit. Das siebte und letzte Kapitel beinhaltet drei Experteninterviews.

In der vorliegenden Arbeit wird aus Gründen der leichteren Lesbar-
keit die männliche Form verwendet. Sie steht stellvertretend für Personen jeglichen Geschlechts.

Ihr Transfer in die Praxis

- Prüfen Sie, mit welchen Sinnen Sie Ihre Kunden in der Kommunikation ansprechen können.
- (In welchen Kanälen) Machen Sie bereits Werbung für Ihr Unternehmen bzw. Ihre Marke(n)?
- Nutzen Ihre Wettbewerber multisensorisches Marketing, insbesondere Duftmarketing?
- Setzen Sie Ihr Budget für multisensorisches Marketing bzw. Duftmarketing bereits optimal ein?

Literatur

Balmer, J. M. T. (2001). Corporate identity, corporate branding and corporate marketing – Seeing through the fog. *European Journal of Marketing,
35*(3/4), 248–291.

Blinda, L. (2003). Relevanz der Markenherkunft für die identitätsbasierte
Markenführung, Arbeitspapier Nr. 2, Lehrstuhl für innovatives Markenma-
nagement, Univ. Bremen.

Burmann, C., Halaszovich, T., Schade, M., & Piehler, R. (2018). *Identitätsbasierte Markenführung: Grundlagen – Strategie – Umsetzung – Controlling.*
Springer-Gabler.

Deutsches Patent und Markenamt (DPMA). (2024). Aktuelle Markenstatistiken. https://www.dpma.de/docs/presse/dpma_infografik_marken_dt_2024_web.pdf. Zugegriffen: 2. Apr. 2025.

Keller, R., & Fischer, J.-H. (2008). Die Informationsüberlastung der Konsumenten: Eine empirische Studie aus Sicht der Marketingkommunikation. Diplomarbeit. Saarbrücken. Universität des Saarlandes, Institut für Konsum- und Verhaltensforschung.

Kroeber-Riel, W., & Esch, F.-R. (2015). *Strategie und Technik der Werbung. Verhaltenswissenschaftliche und neurowissenschaftliche Erkenntnisse* (8. Aufl.). Kohlhammer.

Kroeber-Riel, W., & Gröppel Klein, A. (2019). *Konsumentenverhalten* (11. Aufl.). Vahlen.

Meffert, H., & Burmann, C. (1998). Abnutzbarkeit und Nutzungsdauer von Marken. Ein Beitrag zur steuerlichen Behandlung von Warenzeichen. In H. Meffert & N. Krawitz (Hrsg.), *Unternehmensrechnung und -besteuerung. Grundfragen und Entwicklung* (S. 75–126). Gabler.

Schweizer, M., & Rudolph, T. (2004). *Wenn Käufer streiken. Mit klarem Profil gegen Consumer Confusion und Kaufmüdigkeit.* Gabler.

2

Wahrnehmung und Wirkung olfaktorischer Reize

Was Sie aus diesem Kapitel mitnehmen

- Wie die Sinnesorgane und die dazugehörigen Sinnesmodalitäten systematisiert werden.
- Welche Gestaltungsmittel für die gezielte Ansprache der einzelnen Sinne relevant sind.
- Welche Merkmale zur Kennzeichnung von Duftklassen unterschieden werden.
- Wie das menschliche Geruchsorgan aufgebaut ist.
- Welche Gestaltungsparameter olfaktorischer Sinneseindrücke zur Verfügung stehen.
- Kennzeichen und Ansprache weiterer Sinne.

Grundsätzlich ist der Mensch verschiedenen Umweltreizen ausgesetzt, die er über die fünf Sinnesorgane Augen, Ohren, Nase, Zunge und Haut aufnimmt. Bereits Aristoteles stellte ein System der fünf Sinne auf, welches den Gesichts-, Gehör-, Geruchs-, Geschmacks- und Tastsinn den Sinnesorganen Augen, Ohren, Nase, Zunge und Haut zuordnet. Die moderne Physiologie kennt für den Menschen noch vier weitere Sinne, nämlich den Gleichgewichtssinn, die Thermozeption

© Der/die Autor(en), exklusiv lizenziert an Springer Fachmedien Wiesbaden GmbH, ein Teil von Springer Nature 2025
P. Steiner, *Quick Guide Duftmarketing*, Quick Guide,
https://doi.org/10.1007/978-3-658-48877-2_2

(Temperatursinn), die Nozizeption (Schmerzempfindung) und die Propriozeption (Körperempfindung) (Springer, 2008). Aufgrund der Verschiedenartigkeit der Sinnesorgane gibt es jedoch keine allgemeingültige physikalische Definition von Reizen, die in der Regel nur der Auslöser für eine Wahrnehmung sind.

Jedes Sinnesorgan vermittelt in seiner Qualität ähnliche Sinneseindrücke. Ein Sinneseindruck wie beispielsweise die Farbe „rot" oder der Geschmack „bitter" stellt die einfachste Einheit der Sinneserfahrung dar. Der Mensch nimmt Eindrücke jedoch meist in Kombination auf, z. B. als Geschmack und Geruch. Selbst bei einfachen Wahrnehmungen wirken die unterschiedlichsten Eindrücke mehrerer Sinnesmodalitäten zusammen. So fließen beispielsweise in die Wahrnehmung einer Erdbeere nicht nur Eindrücke über den Geschmack und Geruch ein, sondern auch über Form, Farbe und Oberfläche. Die Summe mehrerer Sinneseindrücke bezeichnet man als Sinnesempfindung. Im folgenden Kapitel wird die Wahrnehmung und Wirkung olfaktorischer Reize beschrieben.

2.1 Wahrnehmung von Sinnesreizen

Wahrnehmung ist ein Prozess der Informationsverarbeitung, durch den aufgenommene äußere und innere Reize im Gehirn entschlüsselt und zu einem individuell verständlichen Bild der Umwelt und der eigenen Person verarbeitet werden (Kroeber-Riel & Gröppel-Klein, 2019). Der Mensch nimmt also nicht nur schlichte Sinnesreize auf, sondern die sensorischen Stimuli werden vom Gehirn vielschichtig interpretiert (Gazzaley & Rosen, 2018). Dadurch lässt sich die Subjektivität der Wahrnehmung erklären, die insbesondere bei Geruchsreizen große Bedeutung besitzt (Hehn, 2021).

Wahrnehmung ist nicht nur subjektiv, sondern auch selektiv. So wählen wir aus der Gesamtheit sensorischer Informationen ständig die relevante Teilmenge aus, die eine kohärente Wahrnehmung und effizientes Handeln ermöglichen (Müller et al., 2015). So werden beispielsweise Düfte vor allem dann relevant, wenn sie ein akutes Bedürfnis ansprechen, auf allgemeine Gefahren hinweisen, wenn sie eine besondere persönliche Bedeutung haben oder wenn sie eine besonders hohe Intensität haben (Hehn, 2013).

In den fünf Sinnesorganen befinden sich Sinneszellen (Rezeptoren) mit einer hohen Empfänglichkeit für eintreffende adäquate Reize. Jeder Rezeptor ist dabei auf bestimmte Reize spezialisiert und wandelt diese in nervöse Erregungen um, die über sensible Nerven an das zentrale Nervensystem weitergeleitet werden. Entscheidend dabei ist, ob die Reize bei der Aufnahme einen bestimmten Schwellenwert überschreiten, denn von der Reizschwelle hängt ab, ob es überhaupt zu einer Informationsaufnahme kommt.

Wird die Wahrnehmung einer Sinnesmodalität (z. B. Töne) mit einer anderen Sinnesmodalität (z. B. Farben) gekoppelt, so spricht man von Synästhesie. Hierbei ruft ein durch einen adäquaten Reiz ausgelöster sinnlicher Ausdruck im Bewusstsein des Wahrnehmenden einen zweiten Eindruck hervor. So können beispielsweise Düfte zu visuellen Eindrücken oder Töne zu farblichen Assoziationen führen. Die Kopplung auditiver und visueller Wahrnehmung ist gegenüber den anderen Sinnen besonders ausgeprägt (Haverkamp, 2001).

Von besonderer Bedeutung sind der McGurk-Effekt und der Ventriloquist-Effekt, die deutlich machen, wie der Sehsinn unsere Klangwahrnehmung beeinflusst und akustische Elemente u. a. mit visuellen Bildern assoziiert werden können.

Da der Mensch Eindrücke meist in Kombination aufnimmt, z. B. als Geschmack und Geruch spricht man auch von multisensorischer Wahrnehmung. Im Zuge des Wahrnehmungsprozesses werden die Informationen, die über die getrennten Sinneskanäle aufgenommen wurden, zu einer ganzheitlichen Wahrnehmung vereinigt. Letztlich werden die empfangenen Informationen als Bilder, Geräusche, Temperatur, Bewegung bzw. Berührung erfahren.

Die Sinne haben unterschiedliche Übertragungskapazitäten. Jedes sensorische System kann pro Zeiteinheit nur eine begrenzte Anzahl von Informationen an das Zentralnervensystem weiterleiten. Die allgemeine Informationsaufnahmekapazität des Menschen beträgt etwa 10 bis 16 Bit/Sek. Von den vielen Informationen, die unsere Sinnesorgane wahrnehmen, gelangt nur ein Bruchteil in das menschliche Bewusstsein (Kesseler, 2004).

In dieser Arbeit stehen ausschließlich die äußeren Reize und ihre Wirkung auf die Wahrnehmung im Mittelpunkt der Betrachtung. Zunächst wird das Gesamtsystem der sensorischen Rezeptoren und der externen Reize aus der Umwelt analysiert. Tab. 2.1 gibt einen systematisierten Überblick über die Sinnesorgane und dazugehörige Sinnesmodalitäten.

Sinnesempfindungen können gleichgesetzt werden mit den sensorischen Produkteigenschaften, die für sensorische Präferenzen bzw.

Tab. 2.1 Systematisierung der Sinnesorgane. (Eigene Darstellung in Anlehnung an Cube, 1970, S. 156 und Birbaumer & Schmidt, 2006, S. 298 ff.)

Sinnes-organ	Sinn	Sinnes-eindruck (Wahr-neh-mung)	Sinnes-reiz	Rezeptor	Sinnes-empfin-dung (Bei-spiele)	Übertra-gungs-kapazi-tät
Augen	Gesichts-sinn	Optisch	Lichtwel-len	Stäbchen und Zap-fen der Retina	Hell/ dunkel, farbig	10 Mio. Bit/s
Ohren	Gehörsinn	Akus-tisch	Schall-wellen	Haarzellen des Corti-Organs	Leise/ laut, nah/ fern	1,5 Mio. Bit/s
Haut/ Bewe-gung	Tempera-tursinn, mecha-nischer Hautsinn, Schmerz-sinn	Taktil/ki-nästhe-tisch	Äußerer Kon-takt	Nervenen-dungen in der Haut	Warm/ kalt, glatt/ rau, warm/ kalt, schwer/ leicht	200.000 Bit/s
Nase	Geruchssinn	Olfakto-risch	Geruchs-tra-gende Subs-tanzen	Haarzellen des olfak-torischen Epithels	Fruchtig, aroma-tisch	14–46 Bit/s
Zunge	Ge-schmacks-sinn	Gustato-risch	Lösliche Subs-tanzen	Ge-schmacks-knospen der Zunge	Süß/bit-ter	13 Bit/s

Aversionen verantwortlich sind. Mittels deskriptiver Verfahren der sensorischen Produktforschung können diese identifiziert und quantifiziert werden. Die zur gezielten Ansprache der einzelnen Sinne relevanten Gestaltungsmittel sind in Tab. 2.2 zusammengefasst.

Alle von den Sinnesorganen erhaltenen Signale werden je nach Übertragungskapazität von den im Cortex liegenden primären sensorischen Arealen empfangen und verarbeitet, wobei die Wirkung dieser Verarbeitung höher ist, wenn der Einsatz mehrerer Reizmodalitäten zeitgleich und ganzheitlich erfolgt. Ist man gleichzeitig vielen Reizen gleicher oder unterschiedlicher Modalität ausgesetzt, kann es jedoch auch zur Reizüberflutung und folglich zur Störung im Wahrnehmungsprozess kommen. Um einer Reizüberflutung vorzubeugen, werden nicht alle Reize im Gehirn verarbeitet, sondern vorab „gefiltert". Dieser Prozess wird Anpassung der Rezeptoren oder Adaption genannt.

Tab. 2.2 Gestaltungsmittel zur Ansprache der fünf Sinne. (Eigene Darstellung in Anlehnung an Kilian, 2007, S. 327)

Sinnes-	Organ	Augen	Ohren	Nase	Haut	Mund
	Modali-tät	Visuell	Auditiv	Olfakto-risch	Haptisch	Gustato-risch
Material (Substanz)						
Form						
Farbe (Licht)						
Duft (Gas)						
Aroma						
Klang (Ton)						
Bewegung						
Temperatur						
Räumlichkeit						
Kraft						
Beispiele	Alltag	TV	Radio	Parfüm	Trinkglas	Kaugummi
	Marken	Lila Kuh (Milka)	Klingelton (Nokia)	Eau de Toilette (Chanel)	Bierflasche (Corona)	Energy Drink (Red Bull)

Legende: = trifft immer zu (unmittelbar wahrnehmbar)
= trifft nur selten bzw. indirekt zu (mittelbar wahrnehmbar)

2.2   Kennzeichen und Ansprache des olfaktorischen Sinnessystems

Der menschliche Körper besitzt eine Vielzahl von Sinnesrezeptoren (Sensoren), um Sichtbares, Geräusche, Geschmäcker, Gerüche, Tastbares, Wärmequellen etc. zu registrieren. Die erfassten Informationen werden im Gehirn zu Wahrnehmungserfahrungen verarbeitet und gespeichert. Im Folgenden werden die Aufnahme, Verarbeitung und Speicherung von Sinnesreizen ausführlich betrachtet, wie sie von jeder Marke ausgehen.

Wie bereits gezeigt wurde, reagiert jedes Sinnesorgan auf unterschiedliche Reize: das Auge auf Lichtenergie, die Nase auf chemische Substanzen usw. Die über die Sinnesorgane aufgenommenen Informationen werden an das Gehirn zur Verarbeitung und Speicherung weitergeleitet, wo sie in beiden Hirnhälften verarbeitet werden. Während die linke Hirnhälfte vor allem für sprachlich-logische Reizverarbeitungen verantwortlich ist, verarbeitet die rechte Hirnhälfte primär nichtsprachlich-visuelle Reize. Dabei gilt: Unterschiedliche Hirnregionen sind in die Verarbeitung verbaler und räumlicher Information involviert (Anderson, 2007).

Man geht heute davon aus, dass die effizienteste wahrnehmungsbasierte Wissensrepräsentation, d. h. die Organisation und Nutzung von Informationen im Langzeitgedächtnis, durch duale Kodierung verbaler und visueller Reize geschieht. Dabei werden sowohl die linke als auch die rechte Hirnhälfte angesprochen. Die Reizmuster in Form von multisensorischen Reizen werden im Gehirn als innere „Gedächtnisbilder" (Imageries) repräsentiert. Dabei können nicht nur visuelle Reize als Imageries fungieren, sondern auch Reize anderer Sinnesmodalitäten, wie akustische Reize oder Geruchsreize in ihrer modalitätsspezifischen Form (Linxweiler, 2004). Die mittlerweile teilweise überholte Hemisphärenforschung besagt, dass bei rechtshändigen Menschen die rechte Hirnhälfte bedeutend leistungsfähiger (schnellere, gleichzeitige, automatische Verarbeitung, große Speicherkapazität, keine kognitive Kontrolle) ist, als die linke Hälfte (langsamer, sequentielle Verarbeitung, weniger Speicherkapazität, kognitive Kontrolle). Im Folgenden wird auf den

Aufbau des Geruchsorgans und die Gestaltungsparameter olfaktorischer Sinneseindrücke näher eingegangen.

2.2.1 Der Aufbau des Geruchsorgans

Beim Riechen geht es um die Erkennung von Objekten, also um die Frage, worum es sich bei dem handelt, was man gerade riecht und vor allem, ob es etwas Gutes oder Schlechtes ist (Frings & Müller, 2019). Unterschiedliche Duftstoffe (z. B. Zitrone, Orange, Grapefruit) können zwar zwecks gemeinsamer Leitsubstanzen (Limonen bei Zitrusfrüchten) leicht verwechselt werden, jedoch sind die meisten Menschen in der Lage, einen Duft zwar nicht exakt, aber als einer bestimmten Kategorie zugehörig (Zitrusfrucht; blumig; beerig etc.) zu identifizieren (Cain, 1988). Dies wiederum erlaubt interessante Einsatzmöglichkeiten von Düften in der Markenkommunikation.

Der Mensch kann Tausende verschiedener Duftstoffe unterscheiden und manche Düfte noch in extremer Verdünnung wahrnehmen. Trotzdem gelingt es der subjektiven Riechphysiologie bisher nicht, Geruchsqualitäten scharf gegeneinander abzugrenzen (Birbaumer & Schmidt, 2006).

Lange Zeit galt der Geruch als ein „verlorener Sinn“. Er zählt zu den „niederen“ Sinnen bei uns Menschen. Aber gerade in der heutigen Zeit, in der wir mit einer visuellen und akustischen Reizüberflutung konfrontiert sind, tritt der Geruch mehr in den Vordergrund. In Tab. 2.3 sind die sieben Primärgerüche (Duftklassen), die durch Standarddüfte gekennzeichnet werden können, zusammengefasst.

Tab. 2.3 Merkmale zur Kennzeichnung von Duftklassen

Duftklasse	Bekannte repräsentative Verbindungen	Riecht nach
Blumig	Geraniol	Rosen
Ätherisch	Benzylacetat	Birnen
Moschusartig	Moschus	Moschus
Campherartig	Cineol, Campher	Eukalyptus
Faulig	Schwefelwasserstoff	Faulen Eiern
Stechend	Ameisensäure, Essigsäure	Essig
Schweißig	Buttersäure	Schweiß

Duftstoffe dienen als Signalstoffe. So erkennen Neugeborene die Mutterbrust mithilfe eines Duftes, der von den Drüsen um die Brustwarzen abgegeben wird. Alle Menschen mit Ausnahme von eineiigen Zwillingen besitzen einen Eigengeruch, der genetisch determiniert ist. Dabei gilt, dass je näher verwandt Menschen miteinander sind, desto ähnlicher ist der Eigengeruch. Dies ist die Basis für den Familiengeruch (Birbaumer & Schmidt, 2006).

Die Präferenzen für einen bestimmten Duftstoff entstehen durch soziales Lernen und Konditionierung. Ein als angenehm empfundener Duft, ist prinzipiell in der Lage, positive Emotionen denk- und verhaltenswirksam zu (re-)aktivieren. Wie zahlreiche Studien belegt haben, können sich angenehme Düfte auf spontane Beurteilungen und Einstellungen auswirken (Hehn, 2021).

Gottfried und Dolan (2003) untersuchten in ihrer Studie die Verbindung von olfaktorischen und visuellen Reizen. Dabei fanden sie Kongruenz- und Inkongruenzeffekte. So wurden Düfte nicht nur signifikant besser erkannt, wenn Duft und Bild semantisch zusammenpassen (z. B. Vanille und Eiscreme), sondern auch die Reaktionszeit war in diesen Fällen beträchtlich kürzer. Österbauer et al. (2005) analysierten in ihrer Studie die Interaktion von Farben und olfaktorischen Reizen. Dabei stellten sie mit zunehmend wahrgenommener Kongruenz eine signifikante Steigerung der Aktivität in verschiedenen Gehirnarealen fest.

Die neurowissenschaftlichen Erkenntnisse zur multimodalen Reizverarbeitung sind für die Markenkommunikation mit Duftstoffen von besonderer Bedeutung. Es konnte nachgewiesen werden, dass eine semantische Verbindung zwischen den Reizen zu signifikant besseren Ergebnissen führt als wenn zwischen den Reizen kein Zusammenhang besteht.

Folglich muss im Rahmen der Markenkommunikation eine aufeinander abgestimmte Kommunikation mit unterschiedlichen Modalitäten bessere Ergebnisse erreichen als eine nicht abgestimmte. Außerdem können darüber hinaus aufeinander abgestimmte Reize zu einer Superaddition und dadurch zu einer deutlichen Effizienzsteigerung der Kommunikation führen.

Die Riechzellen, deren Anzahl sich von Mensch zu Mensch zwischen 10 und 100 Mio. bewegt, spielen eine entscheidende Rolle für die olfaktorische Wahrnehmung. Es handelt sich dabei um primäre Sinneszellen, d. h. sie nehmen sowohl die Kodierung der chemischen Reize als auch die Weiterleitung der Signale zum Zentralnervensystem vor. Die Riechzellen besitzen eine durchschnittliche Lebensdauer von zwei Monaten und werden stets aus den Basalzellen neu gebildet (Birbaumer & Schmidt, 2006).

Die Duftstoffmoleküle, die wir durch die Atmung aufnehmen, müssen mit den rund 1000 verschiedenen Geruchsrezeptoren in Kontakt kommen, wobei es von jedem Typ dieser 1000 verschiedenen Sinneszellen etwa 10.000 gibt. Diese sind auf der Riechschleimhaut zu Gruppen gleicher Riechsinneszellen zusammengefasst. Treffen die Duftstoffmoleküle auf die Riechschleimhaut und den entsprechenden Rezeptor, so wird eine Reihe von Reaktionen ausgelöst. Die Verarbeitung der Geruchsinformation erfolgt letztlich entweder im Cortex, dem Zentrum des menschlichen Bewusstseins, oder im limbischen System. Die Speicherung von Duftinformationen in unmittelbarer Nähe des limbischen Systems (Hypothalamus) ist verantwortlich für deren enge Beziehung zu unserer Gefühlswelt (Knoblich et al., 2003). Burdach (1988) weist darauf hin, dass kein anderes Sinnessystem eine so deutliche Beziehung zwischen dem Hormonstatus und der Wahrnehmungsschärfe eines Menschen aufweist.

2.2.2 Gestaltungsparameter olfaktorischer Sinneseindrücke

Die Wahrnehmung olfaktorischer Reize hängt von verschiedenen Parametern ab. In diesem Kontext wird zwischen der Reizintensität (Reizstärke), der Reizart und der Reizdauer unterschieden.

Bei der Reizintensität differenziert man zwischen absoluter Reizschwelle, Wahrnehmungs- oder auch Unterschiedsschwelle und Erkennungsschwelle. Die absolute Reizschwelle (Geruchsschwelle) ist jene minimale Reizintensität, bei der ein olfaktorischer Reiz gerade wahrgenommen wird. Sie liegt bei der Konzentration eines Duftstoffes, bei der der Duft vom Menschen wahrgenommen werden kann und ist von Duftstoff zu Duftstoff verschieden. Die Wahrnehmungsschwelle beschreibt den Wert, ab welchem eine Person einen Unterschied in der Reizkonzentration feststellen kann und wird von der Sättigungsschwelle begleitet. Ab einer bestimmten Konzentration ergibt eine Steigerung der Konzentration keine Veränderung der Empfindung mehr. Die Erkennungsschwelle gibt an, ab wann ein Reiz identifiziert wird. Sie wird erst oberhalb der absoluten Wahrnehmungsschwelle erreicht (Rempel, 2006).

Die Riechschärfe gibt die Sensibilität für Duftstoffe an und beeinflusst Wahrnehmung, Identifikation und Diskriminierung von Duftstoffen. Sie wird von zahlreichen intraindividuellen (z. B. Geschlecht, Alter, Gesundheitszustand und Hormonhaushalt) und interindividuellen Faktoren beeinflusst. Bei Letzteren geht man von einer genetischen Veranlagung aus, obwohl durch Training eine größere Sensibilität erzielt werden kann. Die Riechschärfe ist nicht zu verwechseln mit der Geruchsfeinheit. Letztere umfasst das Vermögen kleine Geruchsunterschiede wahrnehmen zu können. Die beiden Ausdrücke werden oftmals miteinander verwechselt, da auch meistens die Schärfe mit der Feinheit zusammenfällt.

Der Geruchssinn (wie auch der Geschmackssinn) reagiert auf chemische Substanzen aus der Umwelt. Somit unterscheidet sich die Reizart von den anderen Sinnesmodalitäten, die auf elektromagnetische oder mechanische Reize reagieren. Wie bei anderen Sinnen kann es auch beim Geruchssinn Rezeptorfehler geben. Diese Unfähigkeit, einen bestimmten Duftstoff wahrzunehmen, nennt man Anosmie. Sie kann sich als Partial- und Total-Anosmie äußern. Da Düfte fast ausschließlich Gemische sind, ergibt sich das Problem, dass durch die Geruchsblindheit für *einen* Duftstoff eine ganze Reihe von Düften anders wahrgenommen wird als bei normalem Riechvermögen.

Die Reizdauer umfasst die Begriffe Adaptation, Deadaptation, Kreuzadaptation, Faciliation und Habitualisierung. Wird das olfaktorische System eines Menschen über einen gewissen Zeitraum einem Duftreiz von gleichbleibender Konzentration ausgesetzt, führt dies zur Adaptation. Diese ist abhängig von der Dauer der Darbietung und der Intensität des Reizes. Diese Sensibilitätsverminderung kann soweit führen, dass bei schwachen Reizen der Duft überhaupt nicht mehr wahrgenommen wird. Die Adaptation ist nur ein vorübergehendes Phänomen, denn nachdem die Person dem Duftreiz nicht mehr ausgesetzt ist, kommt es zur Wiederherstellung der ursprünglichen Sensibilität für den Duftstoff. Dieser Vorgang wird Deadaptation genannt. Eine Sensibilitätsverminderung für einen Duft kann dabei auch zu einer Reduktion (Kreuzadaption) als auch zu einer Erhöhung (Faciliation) der Empfindungsintensität anderer Duftstoffe führen. Es kann auch zu einer Habitualisierung, also zur „Gewöhnung" an bestimmte Düfte kommen. Diese entsteht durch häufigen Kontakt mit einem bestimmten olfaktorischen Reiz. Im Folgenden wird auf die visuellen, auditiven, haptischen und gustatorischen Ausgestaltungsmöglichkeiten, die sogenannten Modalitäten, näher eingegangen.

2.3 Kennzeichen und Ansprache weiterer Sinne

2.3.1 Das Auge

Das visuelle Sinnessystem enthält einen rezeptiven Anteil, der insbesondere aus den Sinneszellen der Netzhaut (Retina) besteht, sowie einen integrativen Abschnitt, der einzelne Retinaneuronen und Teile des Gehirns umfasst. Der visuelle Sinn gilt als verlässlichster aller Sinne und zeichnet sich bei der Umwandlung von Licht vor allem durch folgende Leistungen aus:

Das zeitliche Auflösungsvermögen des Sehsystems ist außerordentlich hoch. Während akustische Signale stets eine gewisse Verzögerung beinhalten, kann das im Sichtfeld stattfindende Ereignis praktisch gleichzeitig mit den Augen wahrgenommen werden. Das Licht ist rund 900.000-mal schneller als der Schall.

Mithilfe des Kontrastsehens können Gegenstände insbesondere bei geringen Lichtunterschieden leicht identifiziert werden. Die präzise Erfassung der Augen ermöglicht die Beobachtung anderer Lebewesen in ihrer Ausformung und Dynamik. Die Reflexivitätseigenschaft, die die visuelle Perzeption gegenüber der akustischen Wahrnehmung auszeichnet, geht mit der präzisen Erfassung einher.

Durch die Spektralanalyse wird Farbensehen ermöglicht, sodass sich Farbabstufungen bei gleich hellen Objekten unterscheiden lassen (Springer, 2008).

Ein Mensch nimmt zwischen 60 bis 90 % aller Informationen visuell auf. Um visuelle Information aufzunehmen, müssen diese im sichtbaren Licht enthalten sein, denn bei Dunkelheit bleiben alle nichterleuchteten Körper dem Auge unsichtbar, da Körper und Farben erst durch auftretende Lichtstrahlen wahrnehmbar werden. Sichtbares Licht stellt ein schmales Energieband innerhalb des elektromagnetischen Spektrums zwischen 400 und 700 Nanometer (nm) dar, wobei die angrenzenden kürzeren (ultravioletten) und längeren (infraroten) Wellenlängen für das menschliche Auge unsichtbar sind. Die Wellenlänge bestimmt dabei die Farbempfindung. So wird Licht mit niedrigen Wellenlängen (ca. 380 nm) als blau und Licht mit höheren Wellenlängen (ca. 750 nm) als rot wahrgenommen (Ditzinger, 2006).

Das Auge besteht aus einem optischen System und der Netzhaut. Während das optische System die Aufgabe hat, elektromagnetische Wellen zu brechen, ist die Netzhaut dafür verantwortlich, dass sie aus den gebrochenen Strahlen ein Bild der Umwelt erzeugt. Dies geschieht durch die Photorezeptoren, die sogenannten Zapfen und Stäbchen, die auf der Netzhaut die einfallenden physikalischen Reize (Lichtstrahlen) in Nervenimpulse umwandeln. Während die lichtempfindlichen Stäbchen, die nur hell und dunkel unterscheiden, pro Auge ca. 140 Mio. Zellen umfassen, sind die Zapfen mit etwa 8 Mio. Zellen weit weniger häufig. Letztere besitzen die Aufgabe, Farben und Formen zu erkennen und benötigen daher mehr Licht als die Stäbchen. Vor allem die Zahl der Zapfen pro Flächeneinheit bestimmt dabei unsere Sehschärfe (Bartels et al., 2004).

Durch das einfallende Licht, das in der Linse gebündelt wird, entsteht ein umgekehrtes, verkleinertes Bild eines Gegenstandes auf der Netzhaut. Das projizierte Abbild ändert sich infolge der Bewegungen des Menschen und der Umwelt fortwährend. In der Regel springt der Blick drei bis fünfmal pro Sekunde, sodass alle 200 bis 300 ms ein anderer Teil des Sehfeldes fixiert wird. Beide Augen liegen durchschnittlich ca. 6,4 cm auseinander. Durch ihre unterschiedlichen Positionen liefern sie zwei disparate Bilder, die leicht unterschiedliche Ansichten eines Objektes zeigen. Während die gesammelten Informationen des linken Gesichtsfeldes in die rechte Hemisphäre gelangen, werden die aufgenommenen Informationen des rechten Gesichtsfeldes in die linke Hemisphäre weitergeleitet. Für diesen Vorgang ist die Sehnenkreuzung des optischen Traktes verantwortlich. In den beiden Gehirnhälften werden schließlich die unterschiedlichen Bildinformationen der Verschmelzungstheorie zufolge zusammengeführt und ausgewertet (Scharf, 2000).

Das optische System des Auges wird oft mit einem traditionellen Fotoapparat verglichen. Es besitzt eine Blende (Regenbogenhaut mit Pupille), eine Linse und eine Schicht, in der bei Lichteinfall chemische Umsetzungen stattfinden, sowie die Netzhaut (Retina). Weitere Bestandteile des Auges sind Glaskörper, Lederhaut (Sclera), Hornhaut (Cornea), Aderhaut (Choroidea), Ringmuskel (Ziliarmuskel), vordere und hintere Augenkammer und die Nervenfaserschicht.

Zu den elementaren Dimensionen der Sinneseindrücke bei der Betrachtung visueller Signale (z. B. Bilder, Texte und Räumlichkeiten) zählen Farben, Formen, Raum und Bewegung. Die zielgruppenspezifische Kommunikation mithilfe visueller Elemente stellt einen Schwerpunkt der multisensorischen Kundenansprache dar. Bei der Ausgestaltung der visuellen Maßnahmen hat die Wahl der eingesetzten Farben eine große Bedeutung. Bei industriell hergestellten Produkten dient die Farbwahl u. a. zur Verdeutlichung der Gebrauchsfunktion, der Sicherheitsfunktion und der ästhetischen Funktion. Schließlich prägen das Design und die Markendarstellung die wahrnehmbare Leistung als Ganzes.

Farben zählen zu den wichtigsten visuellen Gestaltungsmitteln, da sie Assoziationen hervorrufen und somit Bedeutungen konnotieren können. Farben sind „visualisierte Gefühle" und eng mit den archetypischen menschlichen Erfahrungen verknüpft. Sie bewirken klar erkennbare und messbare Zustände. Farben greifen direkt, massiv und vom klaren Denken weitgehend unkontrolliert in biochemische und biophysikalische Prozesse des menschlichen Körpers ein. So werden u. a. Herzschlag, Blutdruck, Puls und Atemfrequenz von Farben beeinflusst (Braem, 1985).

Eine Variation der Farbgebung eines Objektes führt bei gleicher Form und gleichem Gewicht eines Produktes dazu, dass ein heller

Gegenstand im Vergleich zu einem dunklen Gegenstand leichter und größer eingeschätzt wird (Meyer, 2001). Farben beeinflussen jedoch nicht nur die Wahrnehmung des Gewichts, sondern auch des Geschmacks, des Geruchs, der Konsistenz, der Qualität, der Haltbarkeit, der Frische und der Temperatur. So variieren geschätzte Temperaturen von Räumen mit „kühlen" und „warmen" Farben um bis zu 6° (zwischen 15 °C und 21 °C) (Küthe & Küthe, 2003). Die Wirkungen von Farben werden neben dem Farbton auch durch die Helligkeit, Intensität, Sättigung und Kontraste beeinflusst. So werden leuchtkräftige und gesättigte Farben angenehmer erlebt als blasse Farben. Intensiv farbige und graphisch komplexe Muster können jedoch auch als Überinformation zu einer Überstimulation führen. Graphische Elemente lassen sich besser unterscheiden, wenn sie sowohl in der geometrischen Form als auch in der Füllung der Form abweichen. Meist werden Formen mittlerer Komplexität am leichtesten wahrgenommen (Crook, 1957).

Die Farbgebung wirkt sich auch auf die haptische Wahrnehmung aus. So suggeriert beispielsweise eine hellgrau glänzende Fläche eher einen harten, kühlen, metallenen Griff. Eine lichtgrau-blaue Fläche hingegen lässt eine sehr glatte, wässrige Oberfläche vermuten. Farben sind außerdem imstande, die Illusion von Perspektiven zu schaffen, denn Farben wirken umso näher, je wärmer sie sind und umso entfernter, je kälter sie sind. Gleichzeitig scheinen Flächen bzw. Räume warmer Farben, wie Rot oder Orange, in der Regel größer bzw. voluminöser als physisch gleich große Flächen bzw. Räume kalter Farben, wie Blau und Grün. Des Weiteren wirken intensive Farben näher als blasse Farben (Heller, 2004).

2.3.2 Das Ohr

Vielfach wurde nachgewiesen, dass das Ohr im „Orchester der Sinne" eine besondere, integrierende Funktion einnimmt. Der Hörsinn, der zu den Fernsinnen zählt, ist von allen Sinnen derjenige, der die Zeit am feinsten auflöst. Im Gegensatz zu den beiden Fernsinnen Hörsinn und Sehsinn zählen die übrigen Sinne zu den Nahsinnen. Bei den Nahsinnen wird der Sinneseindruck direkt mit dem Organ verknüpft.

Grundsätzlich können zwei Arten des (Zu-)hörens unterschieden werden. Bei der Wahrnehmung von akustischen Reizen kommen einerseits Attribute zur Anwendung, die nicht unbedingt unmittelbar physischen Eigenschaften von Klangquellen zugeordnet werden können (z. B. Tonhöhe, Klangfarbe). Solche abstrakten Attribute sind oft in traditionellem musikalischem Kontext von Bedeutung („Musical Listening"). Andererseits können Klänge im Sinn von Eigenschaften klangerzeugender Prozesse wahrgenommen werden. Dies ist meistens unwillkürlich in alltäglichen Situationen (z. B. Verkehrsgeräusche) der Fall („Everyday Listening") (Gaver, 1988).

Im Mittelpunkt des auditiven Sinnessystems stehen die Schallaufnahme und -analyse, denn die biologische Bedeutung des Hörsinns ist nicht das Musikhören, sondern die Ortung von Schallquellen in der Umwelt. Diese hoch automatisierte Fähigkeit war in den Anfangszeiten der menschlichen Entwicklung überlebenswichtig, weshalb sie auch grundsätzlich nicht abgeschaltet werden kann.

Um ein Schallereignis wahrnehmen zu können, muss eine einfache physikalische Wirkungskette vorausgehen. Dabei versetzt eine Schallquelle die sie umgebende Luft in kleine Schwingungen, die in Folge von Kompressibilität und Masse der Luft übertragen werden und zum Ohr des Hörers gelangen. In der übertragenden Luft (bzw. dem Gas oder der Flüssigkeit) finden dabei physikalisch kleine Druckschwankungen statt. Dieser Druck wird als Schalldruck bezeichnet und ist naturgemäß orts- und zeitabhängig (Möser, 2009).

Das menschliche Gehör ist u. a. durch das Richtungshören charakterisiert. Dies wird dadurch ermöglicht, dass Schallquellen, die nicht direkt aus der Blickrichtung kommen, mit unterschiedlicher Intensität (Amplitudendifferenz) und kleinsten Zeitunterschieden (Zeitdifferenz) an den Ohren eintreffen. Da die Abnahme der Amplitude und die Entfernung von der Schallquelle in einem festen Verhältnis zueinanderstehen, kann die Amplitudendifferenz zwischen beiden Ohren auch als Information über die Entfernung der Schallquelle genutzt werden.

Des Weiteren ist das menschliche Gehör durch seine Trägheit gekennzeichnet, die bei kurzen Schallimpulsen die Wahrnehmung in voller Pegelhöhe verhindert. Das Gehör besitzt die besondere Fähigkeit, Geräusche mit bestimmten Eigenschaften in Verbindung zu bringen.

Diese Tatsache wird u. a. beim Sound Design genutzt, insbesondere in der Automobilwirtschaft. So soll das typische Geräusch beim Zuschlagen von Autotüren Sicherheit und Qualität signalisieren, der Motorsound hingegen Emotionen transportieren.

Das Hörfeld bezeichnet jenen Bereich der auditiven Wahrnehmung, in welchem ein akustisches Ereignis im auditiven System eine wahrnehmbare Empfindung auslöst. Beim Menschen reicht dieser hörbare Frequenzbereich von etwa 16 bis 20.000 Hertz (Hz) und umfasst rund zehn Oktaven mit jeweils zwölf halben Tönen. Die Fähigkeit zum Hören der hohen Frequenzen ist jedoch individuell verschieden und vor allem vom Personenalter abhängig. Während in jungen Jahren selbst Frequenzen bis zu etwa 20 kHz gehört werden, sinkt diese Frequenzgrenze im hohen Alter unter 10 kHz herab. Schall mit Frequenzen unterhalb des Hörbereichs (Infraschall) und oberhalb des Hörbereichs (Ultraschall) ist für den Menschen nicht hörbar.

Das Ohr ist in verschiedenen Frequenzbereichen unterschiedlich empfindlich. So liegt der Bereich der größten Empfindlichkeit zwischen 3 und 5 kHz. Tonhaltige Geräusche in diesem Frequenzbereich werden als besonders störend empfunden. Ausgehend vom Stimmton a, der 1939 auf 440 Hz festgelegt wurde, werden Töne je nach ihrer Frequenz in tiefe, mittlere und hohe Töne eingeteilt. So umfassen tiefe Töne den Frequenzbereich von ca. 20 bis 250 Hz, mittlere Töne decken den Bereich zwischen 250 und 1000 Hz ab und Töne im Bereich zwischen 1000 und 4200 Hz werden als hohe Töne bezeichnet. Oberhalb von 4200 Hz sind keine Grundtöne mehr angesiedelt (Flückiger, 2001). Der Frequenzabschnitt, der für die Sprachwahrnehmung wichtig ist, liegt etwa zwischen 400 und 3000 Hz.

Die drei menschlichen Primärempfindungen bei der Wahrnehmung von akustischen Ereignissen sind Lautstärke, Tonhöhe und Klangfarbe. Die Empfindung der Tonhöhe hängt mit der Grundfrequenz zusammen, die Lautstärke mit der Intensität und die Klangfarbe mit dem Frequenzspektrum (Roederer, 2000). Kulturspezifische Erfahrungen und Gewohnheiten beeinflussen zusätzlich unser Klangempfinden.

Die Zuordnung von Tonhöhe, Lautstärke und Klangfarbe zu einem musikalischen Klang ist das Ergebnis der Verarbeitungsvorgänge in Ohr und Gehirn und folglich subjektiv und nicht direkt physikalisch messbar. Prinzipiell ist es aber möglich, jede dieser drei primären Empfindungen mit einer genau definierten Größe des ursprünglichen Reizes, d. h. der Schallwelle, in Verbindung zu bringen, die mit physikalischen Methoden genau gemessen und in Zahlen ausgedrückt werden kann. So hängt die Empfindung der Tonhöhe mit der Grundfrequenz zusammen, die Lautstärke mit der Intensität und die Klangfarbe mit dem Frequenzspektrum.

Beim auditiven Übertragungsweg befinden sich bedeutend mehr Zwischenstationen im Gehirn als beim visuellen System. Dafür nimmt das auditive System eines Individuums auch Informationen über Objekte auf, die sich seitlich oder hinter ihm befinden. Erklingen zwei oder mehr Töne zeitgleich, so kann unser Gehirn sie einzeln wahrnehmen. Selbst einfache Melodien enthalten unterschiedliche musikalische Dimensionen wie Rhythmus, Harmonik und Dynamik.

Akustische Reize, insbesondere Musik, können Bedeutungen in zwei unterschiedlichen Richtungen transportieren. Zum einen können akustische Stimuli den Sinnesgehalt von konkreten Sounds (u. a. Vogelgezwitscher) vermitteln. Zum anderen eignen sich akustische Elemente, um abstrakte Klänge (u. a. Sound Logo) zu kommunizieren.

Man geht heute davon aus, dass die effizienteste wahrnehmungsbasierte Wissensrepräsentation, d. h. die Organisation und Nutzung von Informationen im Langzeitgedächtnis, durch duale Kodierung verbaler und visueller Reize geschieht. Dabei werden sowohl die linke als auch die rechte Hirnhälfte angesprochen. Die Reizmuster in Form von multisensorischen Reizen werden im Gehirn als innere „Gedächtnisbilder" (Imageries) repräsentiert. Dabei können nicht nur visuelle Reize als Imageries fungieren, sondern auch Reize anderer Sinnesmodalitäten, wie akustische Reize. So werden akustische Bilder gedanklich oft mit visuellen Bildern verbunden. Insbesondere im Radio spielen akustische Bilder eine zentrale Rolle, um eine lebendige Markenerinnerung zu erreichen und sachliche oder emotionale Eindrücke zu erzeugen (Linxweiler, 2004).

Grundsätzlich können akustische Reize sowohl emotionale (affektive) als auch kognitive (Marken)Informationen vermitteln, wobei dies vor allem für Musik im Zusammenhang mit dem Auslösen von Emotionen nachgewiesen werden konnte: Es wundert daher nicht, dass neueste

Studien zur Repräsentation von Musik im Gehirn ergaben, dass praktisch das gesamte Gehirn zur Musik beiträgt. (Spitzer, 2002). Kaum jemand wird wohl daran zweifeln, dass akustische Reize, insbesondere Musik, den Menschen emotional ergreifen und in unterschiedliche Stimmungen versetzen kann.

Zahlreiche Studien belegen, dass das Hören von Musik Emotionen beim Rezipienten auslöst. Durch die Wahl der Musikinstrumente (abgestimmt auf einzelne Zielgruppen) lassen sich dabei spezifische Emotionen, wie „französisches Savoir vivre" oder „Sehnsucht nach der Ferne" auslösen, die von einer großen Anzahl von Rezipienten gleichsam empfunden werden. In Studien zeigte sich ebenfalls, dass unterschiedliche Musikstile bestimmte Bedeutungen beim Rezipienten erzielen können. Beispielsweise erzeugte klassische Musik oder Rap-Musik einen ähnlichen ästhetischen Ausdruck über viele Probanden hinweg.

Bruner (1990) unterscheidet die folgenden akustischen Gestaltungsparameter: Lautstärke, Tempo, Rhythmus, Tonart, Tonhöhe und Harmonie. Diese können gezielt eingesetzt werden, um die vom Rezipienten empfundenen Emotionen zu beeinflussen. So haben mehrere Studien belegt, dass schnelle Musik fröhlicher und angenehmer empfunden wird als langsame Musik. Tab. 2.4 stellt exemplarisch die Vermittlung ausgewählter emotionaler Ausdrücke durch zeit- und klangbezogene akustische Gestaltungsparameter dar.

Die Wichtigkeiten einzelner zeit- oder klangbezogener akustischer Gestaltungsparameter lassen sich auch hierarchisieren. So fand Hevner (1936) heraus, dass die Ausdruckskraft der Tonart (Dur und Moll) am stabilsten und generell eher verstanden wird als andere akustische

Tab. 2.4 Vermittlung eines emotionalen Ausdrucks durch einzelne Gestaltungsparameter akustischer Reize. (Eigene Darstellung in Anlehnung an Bruner, 1990)

Gestaltungsparameter akustischer Reize	Emotionaler Ausdruck		
	Traurig	Glücklich	Erschreckend
Tonart	Moll	Dur	Moll
Tempo	Langsam	Schnell	Langsam
Tonhöhe	Niedrig	Hoch	Niedrig
Rhythmus	Gleichbleibend	Fließend	Uneben
Harmonie	Dissonant	Konsonant	Dissonant
Lautstärke	Gering	Mittel	Variierend

Tab. 2.5 Klangcharakter von Tonarten. (Eigene Darstellung in Anlehnung an Helms, 1981)

Tonart	Klangcharakter
C-Dur	Ernst, aber dumpf
D-Dur	Heiter, lärmend, aber gewöhnlich
Es-Dur	Majestätisch, ernst, heroisch
E-Dur	Edel
F-Dur	Markig, kräftig (Marschmusik)
As-Dur	Sanft, sehr edel
C-Moll	Düster, wenig hell klingend
G-Moll	Schwermütig, hell klingend, sanft
H-Moll	Wild, heftig

Gestaltungsparameter. So wird Musik in einer Dur-Tonart oft mit fröhlicher, lebhafter Stimmung in Verbindung gebracht, Musik in einer Moll-Tonart hingegen als melancholisch, traurig, depressiv, geheimnisvoll erlebt. Nach einer Systematik von Helms (1981) werden den jeweiligen Dur- und Molltonarten typische Klangcharakter zugeordnet. Tab. 2.5 fasst den Klangcharakter von Tonarten zusammen.

So besitzt bereits die Interaktion von nur zwei akustischen Gestaltungsparametern (z. B. Tempo und Tonart) eine Komplexität, die schwierig zu kontrollieren und interpretieren ist. Die Verarbeitung und Speicherung von akustischen Reizen ist noch nicht vollständig erforscht. Daher verwundert es nicht, dass neurophysiologische Grundlagen der Wahrnehmung von Musik als komplexem akustischem Reiz bisher nur ansatzweise aufgeklärt sind.

2.3.3 Die Haut

Die Gesamtheit der Wahrnehmung, Verarbeitung und Speicherung haptischer Reize wird als haptisches Sinnessystem bezeichnet. Es dient zur Vergewisserung und Bestätigung von Eindrücken und gilt auch als verlässlichstes unter den Sinnen. Das haptische Sinnessystem beinhaltet alle Hautsinne (taktiler Sinn) und den Muskel- oder Bewegungssinn (kinästhetischer Sinn). Während kinästhetische Sinneseindrücke durch Rezeptoren in den Gelenken und an den Muskelfasern ausgelöst werden, beziehen sich taktile Sinneseindrücke auf Wahrnehmungsprozesse,

die auf eine mechanische, nicht schmerzhafte Verformung der Haut zurückzuführen sind (Gibson, 1973).

Die zwei wesentlichen Arten, die man im Bereich Haptik unterscheidet sind die Berührhaptik und die Druckhaptik. Während das druck-
haptische Empfinden die Härte bzw. Weichheit eines Materials umfasst,
die man beim Greifen verspürt, so ist die Berührhaptik durch das in den
Fingerkuppen wahrgenommene Gefühl beim Überstreichen der Oberfläche charakterisiert.

Haptische Reize spielen in unserem Alltag eine bedeutende Rolle.
Sogar die psychische Entwicklung des Menschen ist abhängig von
dem Ausmaß der Berührung, die wir als Säugling empfangen. Durch
das Betasten von Textilien und Nahrungsmitteln beurteilen wir deren
Qualität. Haptische Sinneseindrücke ermöglichen die Wahrnehmung
von Parametern wie Konsistenz, Temperatur und Gewicht. Nach Braem
werden (isoliert betrachtet) lediglich 1,5 % aller Informationen über
die Haut und Bewegung wahrgenommen. Die Haut erfüllt jedoch eine
Vielzahl von Leistungen und Funktionen. So gewährleistet sie u. a. Me-
chanischen Schutz, Wärme-, Flüssigkeits-, Strahlen- und Infektions-
schutz (Lippert, 2003).

Objekte werden als Erstes nach dem Aussehen beurteilt, da der Prozess des visuellen Erkennens viel schneller abläuft als das erkennende
Tasten. Nachdem ein Objekt ertastet wurde, kommt es zu einer Beeinflussung des Tastbefundes durch das Sehen.

Die Haut ist das schwerste und größte sensuale Organ des Menschen. Im weiteren Sinne besteht die Haut aus drei Schichten, nämlich
aus der Oberhaut (Epidermis), der Lederhaut (Dermis) und dem Un-
terhautfettgewebe (Hypodermis). Die Haut im engeren Sinne umfasst
die Oberhaut und Lederhaut. Die Oberhaut setzt sich aus dem mehr-
schichtigen verhornten Plattenepithel zusammen. Die 1 bis 2 mm dicke
Lederhaut hingegen besteht aus elastischem Bindegewebe und das Un-
terhautgewebe aus Fettgewebe (Springer, 2008).

Mithilfe von Rezeptoren, die sich in der Haut befinden, ermöglicht uns der Hautsinn die Wahrnehmung von äußeren Umweltreizen.
Durch die Sinneszellen des Tastsinnes, die in Oberflächen- und Tie-
fensensoren gegliedert sind, werden gleichzeitig unterschiedliche Reiz-
informationen registriert und aufgenommen. Entsteht nun ein leichter

Druck auf der Haut, so werden unter der Haut elektrische Signale erzeugt. Letztere werden in gebündelter Form an das Rückenmark gesendet. Von dort aus werden die Signale über zwei Nervenbahnen in die verschiedenen Gehirnregionen geleitet.

Als Produktgestaltungsmittel werden Material, Form, Farbe und Oberfläche unterschieden. Jedes Produkt besteht aus einer spezifischen Kombination dieser Gestaltungsmittel, aus der sich bestimmte Funktionen ergeben. Letztlich ergeben sich Wirkungen auf den Konsumenten, die sich isoliert analysieren lassen. Die einzelnen Gestaltungsmittel des Produktdesigns werden über die Sinne wahrgenommen, wobei durch eine zielgerichtete Kombination von Produktgestaltungsmitteln eine spezifische Reaktion hervorgerufen werden kann (Meyer, 2001).

Die haptischen Sinneseindrücke lassen sich anhand mehrerer Dimensionen beschreiben. So zählen vor allem die Dimensionen Material, Oberfläche, Konsistenz, Elastizität, Temperatur, Gewicht, Form und Größe zu den haptischen Objekteigenschaften. Wie Chen et al. (2009) in ihrer Studie nachweisen konnten, wird die haptische Wahrnehmung oft mit mehr als einer physischen Eigenschaft in Verbindung gebracht. So wurden u. a. Produktoberflächen, die als warm wahrgenommen wurden auch gleichzeitig als weich/zart empfunden.

Die Bedeutung einzelner Wahrnehmungsdimensionen bei der haptischen Wahrnehmung kann durch eine entsprechende Lenkung der Aufmerksamkeit verändert werden. So können sonst untergeordnete Wahrnehmungsdimensionen, wie beispielsweise die Temperatur, wahrnehmungsmäßig in den Vordergrund rücken. Unabhängig davon, welche Reize bei der haptischen Wahrnehmung im Vordergrund stehen, werden die psychophysiologischen Maße der Sensitivität der Haut beträchtlich durch kognitive Bestimmungsgrößen beeinflusst. Hierbei spielt vor allem die Aufmerksamkeit eine bedeutende Rolle, denn durch eine entsprechende Lenkung der Aufmerksamkeit kann die haptische Wahrnehmung beeinflusst werden.

Nicht erst die Berührung der Haut führt zu einer Aktivitätserhöhung, sondern bereits die Erwartung einer Berührung. Folglich reicht die auf die betreffende Hautstelle gerichtete Aufmerksamkeit aus, um eine lokale Erregungsänderung in dem Bereich des Hirns hervorzurufen, in dem die Sinneserregung zu erwarten ist. Der haptische Sinn ist sowohl für die Marken- als auch für die Produktkommunikation von essentieller Bedeutung. So wurde in Untersuchungen nachgewiesen, dass bestimmte Gegenstände, die wiederholt haptisch erfahren wurden, als angenehmer beurteilt werden als Gegenstände, die noch nicht betastet wurden. Nach Untersuchungen von Guéguen und Jacob (2006) wirkt sich dies positiv auf das Konsumverhalten aus.

Die taktile Wahrnehmung nimmt bei Kindern einen hohen Stellenwert ein, da sie zum Identifizieren von Objekten dient. Bei Erwachsenen hingegen wird sie stärker durch die visuelle Wahrnehmung kompensiert. Die psychophysiologischen Maße der Hautsensitivität werden durch gelernte Gedächtnisinhalte, durch Aufmerksamkeit und Erwartungen bestimmt. Dabei ist es nicht von Bedeutung, welche Sinneseindrücke bei der haptischen Wahrnehmung vordergründig sind. Untersuchungen hinsichtlich der Gedächtnisinhalte haben ergeben, dass Menschen gut vertraute Objekte nur durch Tasten allein bereits innerhalb von 1 bis 2 s richtig erkennen können. Somit wird durch die richtige Wahl von Formen und Materialien eine leichtere Erinner- und Abrufbarkeit erzielt.

Für das haptische Sinnessystem sind nicht nur Interaktionseffekte zwischen den Dimensionen der Sinneseindrücke feststellbar, sondern auch Beeinflussungen anderer Sinnesmodalitäten. So wird ein dunkler Gegenstand bei objektiv gleicher Form und gleichem Gewicht als schwerer und kleiner wahrgenommen als ein heller Gegenstand. „Generell wirken helle Objekte glatter, härter, spitzer und leichter als dunkle, und dasselbe Material wird als rauer empfunden, wenn es farblich mit Hell-Dunkel-Kontrasten gestaltet ist." (Springer, 2008).

In Bezug auf die haptische Wahrnehmungsdimension sind die Oberfläche und die Konsistenz des Materials von zentraler Bedeutung. Je komplexer die haptische Wahrnehmung ist, desto stärker werden die Temperatur, Form und Gewicht darüber hinaus berücksichtigt. Daraus folgt, dass die Form und die Größe eine eher untergeordnete Rolle in der Bedeutungsreihenfolge spielen. Wie zahlreiche Studien herausgefunden haben, liegt die Ursache u. a. in der besseren visuellen als haptischen Wahrnehmung dieser Sinneseindrücke. Ist das visuelle Sinnessystem nicht nutzbar, so werden Gegenstände vorrangig an ihrer Form wiedererkannt.

Die Dimension Gewicht hat vor allem Auswirkungen auf die Qualitätsbeurteilung von Objekten. So konnten Knoblich et al. (2003) im Rahmen einer Studie, in der der Einfluss des Papiergewichtes eines Prospektes untersucht wurde, nachweisen, dass ein hohes Gewicht neben einer glatten Oberfläche für eine positive Qualitätsbeurteilung verantwortlich ist. Die Dimension Oberfläche führt bei den Benutzern zu unterschiedlichen gefühlsmäßigen Reaktionen. Während beispielsweise Hölzer eine gediegene Wahrnehmungsatmosphäre verleihen, erzeugen Metalle ein Wahrnehmungsklima von Eleganz. Ferner werden harte, kantige und schwere Gegenstände, die eine raue Oberfläche aufweisen, mit der Emotionsqualität „robust" assoziiert. Im Gegensatz dazu ist die Emotionsqualität „behaglich" durch weiche und glatte Oberflächen, die sich warm anfühlen, gekennzeichnet (Meyer, 2001).

Zusammenfassend kann festgehalten werden, dass innerhalb der kommunikativen Gestaltungsoption stets die Summation verschiedener haptischer Sinneseindrücke sowie die Integration der Sinnessysteme im Wahrnehmungsprozess berücksichtigt werden müssen.

2.3.4 Die Zunge

Unter Geschmack, auch als Gustatorik oder gustatorische Wahrnehmung bezeichnet, versteht man in einer ganzheitlichen Betrachtungsweise alle Empfindungen, die über orale Reize während der Nahrungsaufnahme entstehen. Besonders interessant ist das gemeinsame Empfinden von Geruch und Geschmack, wobei man in diesem Zusammenhang auch von der so genannten retronasalen Aromawahrnehmung spricht. Dieses Zusammenspiel von Geruch und Geschmack lässt sich daran beobachten, wie sich der Geschmack einer Speise verändert, wenn man sich bei ihrem Verzehr die Nase zuhält und damit die olfaktorische Wahrnehmung ausschließt. Dadurch wird der Geschmack der Speise auf die vier Geschmacksqualitäten reduziert und häufig als fade empfunden (Knoblich et al., 2003).

Ein wichtiges Differenzierungsmerkmal ist, dass die Geschmackssensoren ausschließlich auf der Zunge liegen, während das Geruchsepithel im Nasen- und Rachenraum angesiedelt ist. Die Abgrenzung des

Geschmacks vom Geruch erfolgt dahin, dass es nur fünf Geschmacksqualitäten gibt, die in der Wissenschaft anerkannt sind, nämlich süß, salzig, bitter, sauer und umami. Neben den Grundqualitäten unterscheidet man noch zwei Nebenqualitäten, nämlich alkalisch (oder auch seifig) und metallisch.

Beim Geruch hingegen können tausende verschiedene Duftstoffe unterschieden werden. Da unser Geruchssinn rund 10.000 Mal sensitiver reagiert als unser Geschmackssinn, nehmen wir mehr Geschmackswahrnehmungen über die Nase auf als über den Mund. An der Entstehung von Geschmackseindrücken sind nicht nur die Geschmacksknospen der Zunge beteiligt, sondern alle fünf Sinne. Ob uns etwas gut schmeckt oder nicht, wird zum einen genetisch bestimmt und zum anderen durch den physiologischen Zustand (Entbehrung, Lernen) beeinflusst.

Auch das Gehör ist mittelbar an der Geschmackswahrnehmung beteiligt, da es etwa beim Zermalmen von spröden, knusprigen Objekten, wie beispielsweise Keksen, Informationen zum Geschmack beisteuert, die den sensorischen Gesamteindruck von Nahrungsmitteln mitprägen können. Die Kontaktaufnahme mit einem Objekt erfolgt für den Geschmackssinn als auch für die Haptik freiwillig und somit willentlich. Hingegen sehen, hören oder riechen wir Objekte häufig auch unfreiwillig bzw. passiv, da wir die drei letztgenannten Sinne nicht bzw. nur temporär „ausschalten" können, ohne unser Verhalten nachhaltig zu beeinträchtigen.

Drei Funktionen des Geschmackssinns sind hervorzuheben. Zum einen wird über den Geschmack die Nahrung auf Verträglichkeit geprüft. Die zweite Funktion beinhaltet die antizipatorische und reflektorische Aktivierung der Verdauungsdrüsen. Drittens hat der Geschmack eine besondere psycho-physiologische Funktion als primärer positiver Verstärker oder als primärer Bestrafungsreiz. Geschmacksaversionen und -vorlieben sind häufig durch Lernen erworben.

Mit der Zunge nehmen wir die Geschmacksrichtungen süß, sauer, salzig und bitter wahr. Dazu dienen vier Arten von Papillen (Faden-, Blätter-, Pilz- und Wallpapillen) mit insgesamt 9000 Geschmacksknospen, die jeweils 30 bis 80 Rezeptorzellen enthalten und sich auf dem Zungenrücken befinden.

Die Rezeptorzellen sind dafür verantwortlich, Geschmack in elektrische Impulse umzuwandeln und diese an die Enden von sensorischen Nervenfasern im Zungenkörper weiterzuleiten. Während vornehmlich die Zungenspitze den Geschmack „süß" wahrnimmt, werden „salzig" und „sauer" von den Zungenrändern und „bitter" vom hinteren Teil der Zunge geschmeckt. Mittlerweile ist bekannt, dass jeder Bereich der Zunge alle Geschmacksrichtungen wahrnimmt, jedoch mit unterschiedlicher Intensität.

Der gustatorische Reiz wirkt häufig im Zusammenspiel mit anderen Reizen, wie beispielsweise der Farbwahrnehmung. DuBose et al. (1980) konnten in einem Geschmackstest feststellen, dass Farbe einen bedeutenden Einfluss auf die Geschmacksempfindung hat. So wurde von Probanden beispielsweise Kirschsaft, der nicht der ursprünglichen Farbe entsprach, nicht mehr als solcher geschmacklich erkannt.

Grundsätzlich verbinden Konsumenten einen bestimmten Geschmack (und Geruch) mit einer spezifischen Farbe. Einer Studie von Garber et al. (2000) zufolge dominiert die Farbgebung bei Orangensaftgetränken die Beschriftung und das Geschmacksempfinden.

Eine Reihe von Studien hat belegen können, dass neben dem Einfluss von Farbe und Geschmacksbezeichnung auf die Geschmackswahrnehmung auch Textur, Temperatur und Klang Einfluss auf unsere Wahrnehmung nehmen. So nehmen wir häufig gustatorische Reize in Verbindung mit akustischer Wahrnehmung auf, beispielsweise, wenn wir in einen Keks beißen. Neben der Geschmacksqualität und der Intensität sind auch die Konsistenz, die chemosensorische Qualität und der gefühlorientierte hedonische Wert eines Produktes, der als Wohlgefühl oder Ekel wahrgenommen wird, von Bedeutung.

In einer Studie (2008) der Universität Kopenhagen konnte bei 8900 Kindern ab dem Grundschulalter nachgewiesen werden, dass Mädchen einen deutlich feineren Geschmackssinn besitzen als Jungen. Mädchen können bei Lebensmitteln sowohl süße als auch saure Nuancen besser erkennen als gleichaltrige Burschen. Die Studie zeigt auch, dass sich der Geschmackssinn bei Kindern mit steigendem Alter verfeinert.

2.4   Integration der Sinnessysteme

Das Zusammenwirken aller Sinnessysteme impliziert eine Integration. Unter der sensorischen Integration versteht man die sinnvolle Ordnung und Aufgliederung von Sinneserregung, um diese nutzen zu können. Die Sinne wirken bereits bei einfachen Wahrnehmungsprozessen zusammen, um aus den einzelnen Sinneseindrücken ein vollständiges und umfassendes Ganzes zu schaffen. Eine gedankliche Informationsverarbeitung von aufgenommenen Umweltreizen kann dabei nicht ohne aktivierende Vorgänge in Form von Emotionen, Motivationen und Einstellungen stattfinden.

Die Komplexität innerhalb des Ablaufes der Wahrnehmung von Sinnesreizen ergibt sich aus der Zusammensetzung physikalischer, physiologischer und psychologischer Komponenten. Man unterscheidet dabei drei Abschnitte, nämlich Rezeption, Transmission und Perzeption. Zunächst werden im physikalischen Abschnitt Informationen in Form von Sinnesreizen bzw. Rezeptoren von den Sinnesorganen aufgenommen, verstärkt und kodiert (Rezeption). Im zweiten (physiologischen) Abschnitt werden die Informationen an die nachgeschalteten Nervenzellen weitergegeben, die durch die synaptische Übertragung erregt werden (Transmission). Letztlich werden im psychologischen Abschnitt die Informationen im Gehirn verarbeitet und beantwortet, indem sie mit Vorinformationen, Erfahrungen und Erwartungen verknüpft werden (Perzeption). Die Aktivität, Subjektivität und Selektivität spielen eine bedeutende Rolle dabei, nach welchen individuellen Kriterien die ausgewählten Informationen verarbeitet werden. Schließlich entsteht ein sensualer Gesamteindruck, der durch die Verknüpfung und Bewertung der über die verschiedenen Sinnesorgane aufgenommenen Reize gebildet wird.

Durch die parallele Aufnahme über mehrere Sinneskanäle kann die Wahrscheinlichkeit erhöht werden, eine empfangene Information auf ihren Wahrheitsgehalt zu überprüfen und sich ex post besser daran zu erinnern. Dabei können Nervenzellen im Gehirn bis zu zwölfmal stärker feuern, wenn sie über mehrere Sinne mit gleichen Bedeutungen angesprochen werden (Salzmann, 2007).

Beim Menschen wurde nachgewiesen, dass die multisensorische Integration von visuellen und olfaktorischen Reizen im orbitofrontalen Kortex stattfindet. Wie der Mechanismus genau funktioniert, ist bis heute nicht geklärt. Es gelten dabei die folgenden Regeln:

- Treffen zwei oder mehr sensorische Reize zum gleichen Zeitpunkt am selben Ort zusammen, kommt es zu einer messbaren Veränderung in der Feuerungsrate der multisensorischen Neuronen. Wenn die Reize einzeln dargeboten werden, so ergibt sich keine Veränderung in den Neuronen.
- Multisensorische Reize verleihen den sensorischen Erlebnissen eine gewisse Tiefe und Komplexität. Außerdem werden die Schnelligkeit und die Genauigkeit der Beurteilung einzelner Erlebnisse in einem Maße verbessert, die bei einzelnen Kanälen so nicht erreicht werden würde.
- Die Summe der Aktivitäten der Neuronen kann weitaus größer sein als die Aktivität bei der Darbietung der einzelnen Reize (Superadditivität), wobei jedoch hierfür die sensorischen Reize in räumlicher und zeitlicher Nähe zueinanderstehen müssen. Ist dies nicht der Fall, so kann es auch zu einer Verringerung der Aktivität kommen (Subadditivität).

Während des Wahrnehmungsprozesses nehmen die Sinnesorgane Informationen über weitgehend unabhängige Sinneskanäle auf, um sie anschließend zu einem ganzheitlichen Bild zusammenzufügen. Bei einem Kauf eines Apfels, werden bei der Wahrnehmung nicht nur Preis, Farbe, Form und Größe berücksichtigt, sondern auch der Geruch, die Härte und die gefühlte Oberflächenstruktur des Apfels. Da rund 70 bis 80 % aller Entscheidungen aufgrund gespeicherter Reiz-Reaktionsmuster unbewusst ablaufen, ist eine gezielte Nutzung möglichst aller fünf Sinneskanäle erstrebenswert.

Multisensorisches Marketing ermöglicht – vorausgesetzt bei richtiger Umsetzung – eine einzigartige Wahrnehmung und dauerhafte Präferenz der Produkte oder Dienstleistungen eines Unternehmens. Multisensorisches Marketing bietet vielversprechende Möglichkeiten, Konsumenten bei höherer Zahlungsbereitschaft und stetiger Nachfrage langfristig und mit allen Sinnen an eine Marke zu binden.

In der Studie „5-Sense-Branding" von MetaDesign und diffferent (2007) zur multisensorischen Markenführung wurde untersucht, inwieweit sich Markenwerte über jeden unserer fünf Sinne differenziert wahrnehmen lassen. Dabei hat sich bestätigt, dass die Ansprache des Konsumenten auf mehreren Sinnesebenen zu einer höheren Erlebnisqualität und Wahrnehmungsintensität und damit zu einer höheren Markenbindung beiträgt (Pechmann & Brekenfeld, 2007).

Lindstrom konnte bereits in seiner BRAND sense Studie (2005) nachweisen, dass sowohl die Markenbindung als auch die wahrgenommene Wertigkeit einer Marke durch multisensorische Markenkommunikation erhöht werden können. Mit jedem zusätzlich genutzten Sinneskanal nimmt die Anzahl der sinnlich aktivierten Erinnerungen weiter zu. Folglich können durch multisensorische Markenkommunikation mehr sinnliche Erinnerungen aktiviert werden, die wiederum zu einer größeren Bindung zwischen Marke und Konsument führen.

Während haptische und gustatorische Empfindungen eine aktive, durch den Konsumenten gewollte Wahrnehmung voraussetzen, erfolgt die olfaktorische, visuelle und akustische Wahrnehmung meist eher passiv und somit mehr oder weniger unfreiwillig.

Aufgrund des weiter steigenden Differenzierungsdrucks werden Unternehmen in Zukunft der multisensorischen Markenkommunikation verstärkte Aufmerksamkeit widmen, da Menschen ihre Umgebung mit allen fünf Sinnen wahrnehmen und folglich ihre Entscheidungen auf Basis ihrer multisensorischen Wahrnehmung treffen. Die verschiedenen Sinneseindrücke lösen unterschiedliche Assoziationen aus und sprechen unterschiedliche Werte an, die letztlich zum Kauf führen können.

Ihr Transfer in die Praxis

- Nutzen Sie in Ihrem privaten bzw. beruflichen Umfeld bestimmte Sinnesorgane mehr als andere?
- Bevorzugen Sie einen bestimmten Sinn, wenn Sie einkaufen gehen?
- Kennen Sie Produkte oder Dienstleistungen, die mittels Duft vermarktet werden?
- Haben Sie eine Präferenz für einen bestimmten (Marken)Duftstoff?

Literatur

Anderson, J. R. (2007). *Kognitive Psychologie* (6. Aufl.). Spektrum.

Bartels, R., Bartels, H., & Jürgens, K. D. (2004). *Physiologie: Lehrbuch der Funktionen des menschlichen Körpers* (7. Aufl.). Elsevier.

Birbaumer, N., & Schmidt, R. F. (2006). *Biologische Psychologie* (6. Aufl.). Springer.

Braem, H. (1985). *Die Macht der Farben. Bedeutung und Symbolik* (9. Aufl.). Langen/Müller.

Bruner, G. C. (1990). Music, mood and marketing. *Journal of Marketing, 54*(4), 94–104.

Burdach, K. J. (1988). *Geschmack und Geruch. Gustatorische, olfaktorische und trigeminale Wahrnehmung.* Huber.

Cain, W. S. (1988). Olfaction. In R. C. Atkinson, R. J. Herrnstein, G. Lindzey, & R. D. Luce (Hrsg.), *Stevens' handbook of experimental psychology, Volume 1: Perception and motivation* (S. 409–459). Wiley.

Chen, J. V., Ross, W. H., & Yen, D. C. (2009). The effect of types of banner ad, web localization, and customer involvement on internet users' attitudes. *CyberPsychology & Behavior, 12*(1), 71 – 73.

Crook, M. N. (1957). Facsimile-generated analogues for instrumental form displays. In J. W. Wulfeck & J. H. Taylor (Hrsg.), *Form discrimination as related to military problems.* The National Academies Press.

von Cube, F. (1970). *Was ist Kybernetik? – Grundbegriffe, Methoden, Anwendungen* (3. Aufl.). Schünemann.

Ditzinger, T. (2006). *Illusionen des Sehens – Eine Reise in die Welt der visuellen Wahrnehmung.* Spektrum.

DuBose, C. N., Cardello, A. V., & Maller, O. (1980). Effects of colorants and flavorants on identification, perceived flavor intensity, and hedonic quality of fruit-flavored beverages and cakes. *Journal of Food Science, 45,* 1393–1399.

Flückiger, B. (2001). *Sound Design. Die virtuelle Klangwelt des Films.* Schüren.

Frings, S., & Müller, F. (2019). *Biologie der Sinne* (2. Aufl.). Springer.

Garber, L. L., Jr., Hyatt, E. M., & Starr, R. G. (2000). The effects of food color on perceived flavor. *The Journal of Marketing Theory and Practice, 8,* 59–72.

Gaver, W. W. (1988). *Everyday listening and auditory icons.* Dissertation, University of California, San Diego.

Gazzaley, A., & Rosen, L. D. (2018). *Das überforderte Gehirn*. Redline.

Gibson, J. J. (1973). *Die Sinne und der Prozess der Wahrnehmung*. Huber.

Gottfried, J. A., Dolan, R. J. (2003). The nose smells what the eye sees: Crossmodal visual facilitation of human olfactory perception. *Neuron, 39*, 375–386.

Guéguen, N., & Jacob, C. (2006). The effect of tactile stimulation on the purchasing behaviour of consumers: An experimental study in a natural setting. *International Journal of Management, 23*,(1), 24–33.

Haverkamp, M. (2001). Synästhetische Wahrnehmung und Geräuschdesign. In K. Becker (Hrsg.), *Subjektive Fahreindrücke sichtbar machen II. Haus der Technik Fachbuch 12*. Expert.

Hehn, P. (2021). Olfaktorische Kommunikation bei Events. In S. Ronft (Hrsg.), *Eventpsychologie: Veranstaltungen wirksam optimieren: Grundlagen, Konzepte, Praxisbeispiele*. Springer Gabler.

Hehn, P. (2013). Inszenierung des Unbewussten. In B.Bergemann & B. M. Ohnemüller (Hrsg.), *Neues Denken. Neues Handeln* (S. 47–67). Wolfsbrunnen.

Heller, E. (2004). *Wie Farben wirken. Farbpsychologie, Farbsymbolik, Kreative Farbgestaltung*. Rowohlt.

Helms, S. (1981). *Musik in der Werbung, in: Materialien zur Didaktik und Methodik des Musikunterrichts* (Bd. 10). Breitkopf & Härtel.

Hevner, K. (1936). Experimental studies of the elements of expression in music. *American Journal of Psychology, 48*, 246–268.

Kesseler, H. (2004). *Didaktische Strategien beim Wissenstransfer im Spannungsfeld von bildungsdidaktischen und kommunikationswissenschaftlichen Ansprüchen*. Univ., Diss.

Kilian, K. (2007). Multisensuales Markendesign als Basis ganzheitlicher Markenkommunikation. In A. Florack, M. Scarabis, & E. Primosch (Hrsg.), *Psychologie der Markenführung* (S. 323–356).

Knoblich, H., Scharf, A., & Schubert, B. (2003). *Marketing mit Duft* (4. Aufl.). Oldenbourg.

Kroeber-Riel, W., & Gröppel-Klein, A. (2019). *Konsumentenverhalten* (11. Aufl.). Vahlen.

Küthe, E., & Küthe, F. (2003). *Marketing mit Farben. Gelb wie der Frosch*. Gabler.

Lindstrom, M. (2005). *Brand sense – Build powerful brands through touch, taste, smell, sight and sound*. Free Press.

Linxweiler, R. (2004). *Marken-Design: Marken entwickeln, Markenstrategien erfolgreich umsetzen* (2. Aufl.). Gabler.

Lippert, H. (2003). *Lehrbuch Anatomie* (6. Aufl.). Elsevier.

Meyer, S. (2001). *Produkthaptik: Messung, Gestaltung und Wirkung aus verhaltens-wissenschaftlicher Sicht.* Gabler.

Möser, M. (2009). *Technische Akustik* (8. Aufl.). Springer.

Müller, H. J., Krummenacher, J., & Schubert, T. (2015). Perzeptive selektive Aufmerksamkeit. In H. J. Müller, J. Krummenacher, & T. Schubert (Hrsg.), *Aufmerksamkeit und Handlungssteuerung* (S. 9–17). Springer.

Österbauer, R. A., Matthews, P. M., Jenkinson, M., Beckmann, C. F., & Hansen, P. C. (2005). Color of scents: Chromatic stimuli modulate odor responses in the human brain. *Journal of Neurophysiology, 93*, 3434–3441.

Pechmann, J., & Brekenfeld, A. (2007). 5-Sense-Branding – Multisensorische Markenführung: Eine explorative Grundlagenstudie mit Empfehlungen für die Praxis, durchgeführt von MetaDesign und diffferent.

Rempel, J. E. (2006). *Olfaktorische Reize in der Markenkommunikation, Theoretische Grundlagen und empirische Erkenntnisse zum Einsatz von Düften.* Gabler.

Roederer, J. G. (2000). *Physikalische und psychoakustische Grundlagen der Musik* (3. Aufl.). Springer.

Salzmann, R. (2007). *Multimodale Erlebnisvermittlung am Point of Sale: Eine verhaltenswissenschaftliche Analyse unter besonderer Berücksichtigung der Wirkungen von Musik und Duft.* Gabler.

Scharf, A. (2000). *Sensorische Produktforschung im Innovationsprozess.* Schäffer-Poeschel.

Spitzer, M. (2002). *Musik im Kopf.* Schattauer.

Springer, C. (2008). *Multisensuale Markenführung: Eine Analyse unter besonderer Berücksichtigung von Brand Lands in der Automobilwirtschaft.* Gabler.

3

Markenrecht – Die Duftmarke

Was Sie aus diesem Kapitel mitnehmen

- Welche Markenformen das Markenregister des Deutschen Patent und Markenamtes (DPMA) unterscheidet.
- Welche Markenformen in Europa am häufigsten eingetragen werden.
- In welchem Amt eine Marke nationalen, europäischen und internationalen Markenschutz erlangen kann.
- Welche Änderungen sich für die Eintragung von Marken durch das in 2019 in Kraft getretene Markenrechtsmodernisierungsgesetz (MaMoG) ergeben.
- Wie lange die Schutzdauer einer eingetragenen Marke anhält.
- Welche Marke als Duftmarke angemeldet und registriert wurde.

Das Markenrecht ist ein Teilgebiet des sogenannten Kennzeichenrechts, das neben dem Markenrecht auch den Schutz von Namen und Firmenkennzeichen oder den Schutz von Werktiteln umfasst. Als rechtliche Grundlage wird für dieses Kapitel das deutsche (Marken)Recht herangezogen. In Deutschland beinhaltet das Markengesetz (MarkenG) gemäß § 3 Abs1 MarkenG folgende Definition:

P. Steiner, *Quick Guide Duftmarketing*, Quick Guide, https://doi.org/10.1007/978-3-658-48877-2_3

Als Marke können alle Zeichen, insbesondere Wörter einschließlich Personennamen, Abbildungen, Buchstaben, Zahlen, Klänge, dreidimensionale Gestaltungen einschließlich der Form einer Ware oder ihrer Verpackung sowie sonstige Aufmachungen einschließlich Farben und Farbzusammenstellungen geschützt werden, die geeignet sind, Waren oder Dienstleistungen eines Unternehmens von denjenigen anderer Unternehmen zu unterscheiden. (MarkenG).

Während die Marke dem Konsumenten als Kennzeichnung von Waren und Dienstleistungen eines Unternehmens dient, stellt sie für Unternehmen im geschäftlichen Verkehr ein Abgrenzungsmittel gegenüber anderen dar. Marken können für die Qualität eines Unternehmens stehen, zählen ebenso wie Patente zu dessen geistigem Eigentum und stellen schließlich einen Vermögenswert dar. Rechtlich gesehen ist die Marke ein territorial begrenztes, selbstständiges Vermögensrecht. Sie lässt sich durch ihre Registrierung leichter gegen Nachahmende verteidigen, die unberechtigt an Ihrem Erfolg teilhaben wollen.

Die Komplexität der markenrechtlichen Schutzfähigkeit führt dazu, dass die miteinander verwobenen multisensorischen Markeneindrücke nicht oder nur unter unverhältnismäßig hohem Aufwand vom Wettbewerb imitiert werden können. Grundsätzlich unterscheidet man in diesem Zusammenhang zwischen Markenpiraterie, Produktpiraterie und dem sogenannten Counterfeiting. Während Markenpiraterie eine Nachahmung des Markennamens voraussetzt, der in weiterer Folge für gleichartige Waren eingesetzt wird (Beispiel: Lacoste-Krokodil auf Handschuhen), handelt es sich bei Produktpiraterie um eine Nachahmung des Produktes, welches mit einem fremden Markenzeichen versehen wird (Beispiel: Ritter-Sport-Verpackung wird imitiert). Beim Counterfeiting werden die vorangegangenen Nachahmungen kombiniert (Beispiel: Das imitierte Lacoste-Krokodil wird auf T-Shirts eingesetzt) (Esch & Geus, 2005).

Aufgrund des wachsenden Konkurrenzkampfes sowie der zunehmenden Intensität der Markenpiraterie hat der rechtliche Schutz von Marken und Markenzeichen stark an Bedeutung gewonnen. Die Aufgabe des Markenschutzes besteht darin, alle schutzfähigen Brand Icons (Name, Logo, markenspezifische Melodien etc.) vor dem Zugriff und Missbrauch durch die Konkurrenz rechtlich abzusichern, um einer

Erosion des Markenwertes vorzubeugen. Bevor man seine Marke anmeldet, sollten jedoch grundsätzliche Fragen zu Schutzmöglichkeiten, Kollisionsgefahr, Recherche, Verfahren, Kosten oder Auslandsschutz geklärt werden.

Grundsätzlich kann eine Marke nationalen, europäischen und internationalen Markenschutz erlangen. So kann eine Marke nicht nur als nationale Marke beim DPMA (nationaler Schutz) eingetragen werden, sondern auch als Unionsmarke beim Amt der Europäischen Union für Geistiges Eigentum (EUIPO) in Alicante (Spanien), wodurch die Marke in allen 27 Mitgliedstaaten der Europäischen Union (EU) geschützt ist (europäischer Schutz). Die Unionsmarke ist für diejenigen von Vorteil, die länderübergreifend im europäischen Raum tätig sein wollen. Außerdem besteht die Möglichkeit, eine Marke nach der Bestimmung des Madrider Markenabkommens (MMA) bei der World Intellectual Property Organization (WIPO) in Genf als internationale Marke anzumelden (internationaler Schutz). Dieser Schutz kann bis zu 80 Länder umfassen.

Die Schutzdauer einer eingetragenen Marke beginnt mit dem Anmeldetag und hat sowohl in Deutschland, Österreich und der Schweiz, als auch beim EUIPO und der WIPO eine Gültigkeit von 10 Jahren. Da die Schutzdauer von Marken immer wieder um 10 Jahre verlängert werden kann, ist eine (Duft)Marke unbegrenzt verlängerbar und kann sozusagen ewig existieren. Wird eine Marke jedoch nach der Eintragung innerhalb eines Zeitraumes von fünf Jahren nicht benutzt, so kann es auf Antrag wegen Verfalls zu einer Löschung der Marke aus dem Markenregister kommen. Außerdem kann die Eintragung der Marke auf Antrag wegen Nichtigkeit aufgrund absoluter Schutzhindernisse gelöscht werden.

Der Markeninhaber erwirbt mit der Eintragung in das Markenregister das alleinige Recht, die Marke für die geschützten Waren und/oder Dienstleistungen zu benutzen. Der Inhaber der Marke besitzt die Befugnis, seine Marke zu verkaufen, andere Marken zu kaufen oder ein Nutzungsrecht an seiner Marke einzuräumen (Markenlizenz). Bei Verletzung seines Markenrechts stehen dem Inhaber der Marke Unterlassungsansprüche bzw. Schadensersatzansprüche zu.

Am 14.01.2019 trat das Markenrechtsmodernisierungsgesetz (MaMoG) und damit die Novellierung des Markengesetzes (MarkenG) in Kraft. Das Gesetz setzte die EU-Markenrechtsrichtlinie 2015/2436 vom 16. Dezember 2015 in nationales Recht um und führte unter anderem zu Änderungen im Markengesetz und in der Markenverordnung (Markenrechtsmodernisierungsgesetz).

Eine bedeutsame Änderung ist der Wegfall der grafischen Darstellbarkeit. Mussten Registermarken bis dahin grafisch darstellbar sein, genügt es nun, dass sie eindeutig und klar bestimmbar sind. Diese Änderung trägt den Bedürfnissen des Marktes nach modernen Markenformen Rechnung und orientiert sich an den technischen Möglichkeiten zur Darstellung einer Marke im elektronischen Register.

Die Gesetzesänderung ist Teil einer umfassenden europäischen Markenrechtsreform, die die Koexistenz der verschiedenen Markensysteme innerhalb der EU fördern und ein kohärentes System von nationalen und unionsweiten Markenrechten erreichen soll. Ein weiteres Ziel des Gesetzes ist die effektive Bekämpfung der wachsenden Produktpiraterie. Die Grundtendenz des MaMoG ist klar auf die Stärkung der Rechte des Markeninhabers ausgerichtet.

Markenformen bestimmen die unterschiedlichen Wirkungsarten von Marken als Kommunikationszeichen auf die menschlichen Sinnesorgane. Marken können sowohl den visuellen, den auditiven, den olfaktorischen, den gustatorischen als auch den haptischen Sinn ansprechen. Dabei besitzen die eintragungsfähigen Marken sehr unterschiedliche Formen.

Derzeit (Stand: April 2025) unterscheidet das Markenregister des DPMA folgende Markenformen: Wortmarke, Bildmarke, Wort-/Bildmarke, Farbmarke, Hörmarke, Klangmarke, Dreidimensionale Marke (insbesondere Warenverpackungen), Kennfadenmarke, Positionsmarke, Mustermarke, Bewegungsmarke, Multimediamarke, Hologrammmarke und Sonstige Marke. Die folgende Liste fasst die Markenformen zusammen:

Markenformen des DPMA

Wortmarke	Bildmarke
Wort-/Bildmarke	Farbmarke
Hörmarke (alt)	Klangmarke (neu)
Dreidimensionale Marke	Kennfadenmarke
Positionsmarke	Mustermarke
Bewegungsmarke	Multimediamarke
Hologrammmarke	Sonstige Marke

Analysiert man die Anzahl der Registrierungen der unterschiedlich klassifizierten Markenformen in Deutschland, Österreich, der Schweiz und im EUIPO, so kann festgehalten werden, dass Wortmarken, Wort-/Bildmarken und Bildmarken mit Abstand den größten Anteil daran ausmachen. Somit sprechen die eingetragenen Markenformen überwiegend den visuellen Sinn an. Die restlichen Markenformen spielen im Vergleich (noch) eine untergeordnete Rolle, wobei auf 3D-Marken, Klangmarken und Farbmarken die meisten Eintragungen entfallen. Markenformen, die den Geruchssinn oder Geschmackssinn ansprechen, können derzeit nur als „Sonstige Marke" in das Markenregister eingetragen werden.

Eine Duftmarke (Geruchsmarke) stellt ein nicht visuell wahrnehmbares Zeichen dar und wurde nach veralteter Rechtsprechung des Europäischen Gerichtshofs (EuGH) (EuGH – C-273/00 – Sieckmann) den Anforderungen an die grafische Darstellung „weder durch eine chemische Formel noch durch eine Beschreibung in Worten, die Hinterlegung einer Probe des Geruchs oder die Kombination dieser Elemente gerecht." (Lexetius, 2002). Da das MaMoG keine grafische Darstellbarkeit der einzutragenden Marken voraussetzt, können Duftmarken als „Sonstige Marke" in das Markenregister eingetragen werden.

Bislang kam es nur zu wenigen Anmeldungen von Duftmarken in europäische Markenregister. Erstmals wurde im Jahr 2000 beim Harmonisierungsamt für den Binnenmarkt (HABM), das 2016 in EUIPO umbenannt wurde, eine Duftmarke in ein Markenregister eingetragen. Dabei handelt es sich um die Marke „The smell of fresh cut grass" der niederländischen Firma Senta Aromatic Marketing, deren Tennisbälle nach frisch gemähtem Gras duften. Das HABM (2000) befand, dass die Beschreibung („Besteht aus dem Duft von frisch gemähtem Gras, aufgetragen auf das Produkt") angemessen war und das Erfordernis der grafischen Darstellbarkeit nach Art4 GMVO erfüllte (Sieckmann, 1999). Bei dieser Marke handelt es sich um die einzige (Gemeinschafts-)Marke, die bislang als Duftmarke eingetragen wurde. Der Markenschutz für diese Geruchsmarke ist 2007 erloschen.

Sechs weitere Geruchsmarken (u. a. „Der Geruch von Vanille", „Der Duft von Zitrone" und „Der Duft einer reinen Erdbeere") wurden beim HABM in den letzten Jahren angemeldet, jedoch sind alle Anmeldungen zurückgewiesen worden. Für die Anmeldung von Duftmarken kommt erschwerend hinzu, dass keine allgemeine anerkannte internationale Duftklassifikation (vergleichbar mit den Farbcodes oder der Notenschrift bei Hörmarken) existiert. Es bleibt abzuwarten, ob es durch die Erleichterung der Eintragung von Duftmarken aufgrund des Wegfalls der grafischen Darstellbarkeit vermehrt zu Anmeldungen von Duftmarken kommt.

Das Markenrecht befindet sich stets im Wandel und wird durch die Markenanmeldungen und durch die Entscheidungen der Gerichte ständig verändert und angepasst. Markeninhaber haben in den letzten Jahren große Anstrengungen unternommen, um ihre innovativen Markenformen in das Markenregister eintragen zu lassen. Diese Anmeldungen bzw. Registrierungen neuer Markenformen als auch das in 2019 in Kraft getretene MaMoG lassen hoffen, dass auch in Zukunft neue Markenformen zur Eintragung zugelassen werden und so den Bedürfnissen des Marktes nach modernen Markenformen Rechnung getragen wird. Der Wegfall der vormals notwendigen grafischen Darstellbarkeit von Markenformen erleichtert die Markenanmeldungen und orientiert sich an den technischen Möglichkeiten zur Darstellung einer Marke im elektronischen Register.

Ihr Transfer in die Praxis

- Prüfen Sie, ob und wie Sie Ihre (Duft)Marke(n) im DPMA bzw. in anderen Markenämtern registrieren lassen können.
- Nutzen Sie die Datenbank des DPMA und anderer europäischer Markenregister, um etwaige Marken von Wettbewerbern zu analysieren.
- Sehen Sie sich im DPMA die Einträge zu „Sonstige Marke" an, um mögliche Registrierungen von innovativen Markenformen bzw. Duftmarken zu analysieren.

Literatur

DPMA. (2025). Markenformen und deren Darstellung. https://www.dpma.de/marken/anmeldung/erforderliche_angaben/markenformenundderendarstellung/index.html. Zugegriffen: 9. Apr. 2025.

Esch, F.-R., & Geus, P. (2005). Ansätze zur Messung des Markenwertes. In F.-R. Esch (Hrsg.), *Moderne Markenführung. Grundlagen. Innovative Ansätze. Praktische Umsetzungen* (4. Aufl., S. 1263–1306). Gabler.

HABM. (2000). „The Smell of fresh cut grass" (Duftmarke), HABM-Markenregister: Nummer der Marke: 000428870. http://oami.europa.eu/CTMOnline/RequestManager/de_DetailCTM_NoReg. Zugegriffen: 27. Jan. 2022.

Lexetius. (2002). „Geruchsmarke" (EuGH, Urteil vom 12.12.2002 – C-273/00). http://lexetius.com/2002,2218. Zugegriffen: 25. Jan. 2022.

Markengesetz. https://www.gesetze-im-internet.de/markeng/__3.html. Zugegriffen: 29. Apr. 2021.

Markenrechtsmodernisierungsgesetz (MaMoG) trat am 14.01.2019 in Kraft. https://www.haufe.de/recht/weitere-rechtsgebiete/wirtschaftsrecht/markenrechtsmodernisierungsgesetz-tritt-am-1412019-in-kraft_210_481612.html. Zugegriffen: 29. Apr. 2021.

Sieckmann. (1999). Erste Entscheidung zur Eintragung einer Geruchsmarke nach dem Gemeinschaftsmarkenabkommen. Anmerkung zur Entscheidung der 2. Beschwerdekammer des HABM, vom 11.2.1999 – R 156/1998–2 – The smell of fresh cut gras. www.copat.de/download/si-wrp99.pdf. Zugegriffen: 27. Jan. 2022.

4

Duftmarketing

Was Sie aus diesem Kapitel mitnehmen

- Welchen Einfluss Olfaktorik auf die Markenwahrnehmung hat.
- Welche Priorität der Geruchssinn für Kaufentscheidungen hat.
- Erfolgsfaktoren und Risiken olfaktorischer Markenführung.

Grundsätzlich ist das Markieren von Produkten (Branding) ein Versprechen, nämlich das Versprechen, sowohl den Konsumenten als auch den Hersteller zu schützen. Die Ziele, die mit der Markierung von Produkten verfolgt werden, haben sich im Lauf der Zeit eigentlich nicht verändert. So zielt das heutige Bestreben des Markenmanagements darauf ab, dass die Markierung dem Produkt ein einzigartiges, kaufrelevantes Image verleihen soll.

Branding existiert schon seit mehreren Jahrhunderten und findet sich in sämtlichen Hochkulturen. Während die Ägypter Ziegelsteine, die den Weg zu den Pharaonengräbern wiesen, mit Symbolen versahen, um ihre Identität zu kennzeichnen, forderten mittelalterliche Gilden von ihren Mitgliedern die Markierung der Produkte zur Hervorhebung der konsistenten Qualität und zur Abgrenzung von konkurrierenden Herstellern.

© Der/die Autor(en), exklusiv lizenziert an Springer Fachmedien Wiesbaden GmbH, **49**
ein Teil von Springer Nature 2025
P. Steiner, *Quick Guide Duftmarketing*, Quick Guide,
https://doi.org/10.1007/978-3-658-48877-2_4

Branding ist demnach eine typische Erscheinungsform entwickelter Wirtschaftssysteme.

Heutzutage ist das Branding auf allen Handelsstufen und in allen Branchen weit verbreitet. Neben privaten Unternehmen werden aufgrund von Deregulierungen, Privatisierungen und drastischer Reduzierung staatlicher Subventionen im öffentlichen Dienst auch zunehmend öffentliche Einrichtungen wie Schulen, Krankenhäuser oder Universitäten gefordert, sich mittels Branding von ähnlichen Einrichtungen abzuheben. Die steigende Bedeutung von Branding ist vor allem auf die folgenden drei Entwicklungen zurückzuführen:

• Unternehmensfusionen und -aufkäufe,
• die Globalisierung der Märkte und
• die Zunahme neuer Marken

Es wird immer schwieriger, Markenprodukte über Qualität und Produkteigenschaften zu differenzieren. Da Marken in einem regelrechten Kommunikationswettbewerb gegeneinander antreten, erfolgt Markendifferenzierung vermehrt über die Kommunikation. Die emotionale und erlebnisorientierte Differenzierung wird auf gesättigten Märkten mit ihren qualitativ austauschbaren Produkten zum entscheidenden Erfolgsmerkmal.

Der Erfolg einer Marke ist stark von einer kontinuierlichen Markenführung, insbesondere einer kontinuierlichen Kommunikationsstrategie abhängig. Um für den Kunden interessant und begehrenswert zu bleiben und sich dauerhaft auf dem Markt behaupten zu können, bedarf es einer Markenführung, die sich im Lauf der Zeit weiterentwickelt und hinsichtlich technischer und gesellschaftlicher Entwicklungen modernisiert wird. Eine starke Marke muss nicht nur dynamisch geführt werden, sondern muss vielmehr Entwicklungsprozesse vorausahnen, um sich frühzeitig durch innovative Lösungen von der Konkurrenz abzusetzen.

Vor dem Hintergrund sich rasch ändernder Marktbedingungen ist eine einfache Fortschreibung traditioneller Markenführungsansätze (…) nicht mehr zeitgemäß. Die Marketingwissenschaft ist seit Beginn des 20. Jahrhunderts von zahlreichen Neuausrichtungen und Paradigmenwechseln der aufgeworfenen Ansätze zur Erfassung der Markenführung

geprägt. Die identitätsbasierte Markenführung, deren Konzeptent-
wicklung auf einem „kontinuierlichen Wandel des Verständnisses vom
Gegenstand der Marke" beruht und die Kaufverhaltensrelevanz von
Marken primär auf deren Identität zurückführt, bietet in dieser Situation einen erfolgversprechenden Ansatz zur Neuorientierung der Markenführung.

Die identitätsbasierte Markenführung geht über die „klassische"
Outside-in-Perspektive der Marke, d. h. die einseitige Ausrichtung auf
die Wahrnehmung der Marke beim Nachfrager (Markenimage), weit
hinaus. Es erfolgt eine Ergänzung um eine Inside-out-Perspektive,
die das Selbstbild der Marke (Markenidentität) aus Sicht der internen
Zielgruppen analysiert. Idealerweise wird die Marke in allen Kommu-
nikationskanälen mit der gleichen Identität wahrgenommen. Ziel der
identitätsbasierten Markenführung ist nicht nur eine Steigerung des
Markenwertes und der Markenstärke, sondern auch eine langfristige
Kundenbindung und Markentreue. Letztlich kann eine konsequente
identitätsbasierte Markenführung einen erheblichen Beitrag zum Unter-
nehmenserfolg leisten.

Um eine Marke im Meer der Angebote nicht nur sichtbar, sondern
auch u. a. hörbar zu machen, dient die Markenidentität als strategi-
scher Rahmen für die operative Umsetzung in spezifische multisensorische Ausprägungsformen der Marke. Dazu bedarf es einer strukturier-
ten Analyse der Marke, die als Voraussetzung für die Interpretation der
Markenidentität durch multisensorische Reize gilt.

Unternehmen stehen vor der Herausforderung, ihre Markenwerte
durch möglichst viele Sinne zu vermitteln, um damit die Unterneh-
mens- und Produktmarken von der Konkurrenz explizit abzuheben und
Konsumenten langfristig an ihre Marke zu binden. Dabei erscheint es
nicht immer ausreichend, den Konsumenten lediglich über optische
Reize anzusprechen. Marken werden mit allen Sinnen wahrgenommen.

Die menschlichen Sinne haben jeweils ganz spezifische Eigenschaften. Jedes Sinnesorgan ist auf die Erfassung eines Teilbereichs unserer
Umwelt hoch spezialisiert. Die Konzentration auf die visuelle Wahrnehmung kann also immer nur Teilaspekte berücksichtigen, während
viele andere, mitunter ebenso wichtige Details vernachlässigt werden.
Das Auge bleibt immer an der Oberfläche hängen und vermittelt im

Wesentlichen die Eigenschaften statischer Objekte. Dynamische Eigenschaften lassen sich daher akustisch wesentlich besser und vor allem glaubhafter kommunizieren. Ähnliches gilt beispielsweise auch für Raum, Emotion und diverse andere Dinge.

Während des Wahrnehmungsprozesses nehmen die Sinnesorgane Informationen über weitgehend unabhängige Sinneskanäle auf, um sie anschließend zu einem ganzheitlichen Bild zusammenzufügen. Beim Kauf eines Apfels werden bei der Wahrnehmung nicht nur Preis, Farbe, Form und Größe berücksichtigt, sondern auch der Geruch, die Härte und die gefühlte Oberflächenstruktur des Apfels. Da rund 70 bis 80 % aller Entscheidungen aufgrund gespeicherter Reiz-Reaktionsmuster unbewusst ablaufen, ist eine gezielte Nutzung möglichst aller fünf Sinneskanäle erstrebenswert.

Multisensorisches Marketing und die daraus resultierende multisensorische Markenkommunikation ermöglichen – bei richtiger Umsetzung – eine einzigartige Wahrnehmung und dauerhafte Präferenz der Produkte oder Dienstleistungen eines Unternehmens. Multisensorische Markenkommunikation bietet vielversprechende Möglichkeiten, Konsumenten bei höherer Zahlungsbereitschaft und stetiger Nachfrage langfristig und mit allen Sinnen an eine Marke zu binden.

Aufgrund des weiter steigenden Differenzierungsdrucks werden Unternehmen in Zukunft der multisensorischen Markenkommunikation verstärkte Aufmerksamkeit widmen, da Menschen ihre Umgebung mit allen fünf Sinnen wahrnehmen und folglich ihre Entscheidungen auf Basis ihrer multisensorischen Wahrnehmung treffen. Die verschiedenen Sinneseindrücke lösen unterschiedliche Assoziationen aus und sprechen unterschiedliche Werte an, die letztlich zum Kauf führen können.

Um eine multisensorische Markenführung erfolgreich zu implementieren, bedarf es einer entsprechenden Markenpositionierung, der eine eigens für die Marke entwickelte Markenidentität samt Markenkern zugrunde liegt. Multisensorisches Marketing muss authentisch aus dem Markenkern abgeleitet werden.

Im nächsten Schritt gilt es, die Markenpositionierung in ein zentrales Markengefühl zu übersetzen, d. h. welche Emotionen bzw. welche Gefühle sollen mit dieser Positionierung geweckt werden. Die multisensorische Markenführung hat nun die Aufgabe, dieses zentrale Markengefühl auf alle Marken-Kontaktpunkte (Brand Touch Points) multisensorisch zu übersetzen.

Die multisensorische Inszenierung von Marken birgt unentdeckte Potenziale hinsichtlich der Relevanz und Effizienzsteigerung, denn die Erlebnisqualität der Marke bestimmt nachhaltig die Markenzuwendung, die Bindung des Konsumenten und somit den Markenerfolg. Je stärker der Konsument in die Erlebniswelt eintauchen soll, desto mehr Sinne müssen konsistent angesprochen werden. Ebenso wird es eine schärfere Differenzierung zum Wettbewerb, eine verbesserte Marken-Erinnerung, einen steigenden Abverkauf sowie eine höhere Markenloyalität zur Folge haben.

Lindstrom (2005) konnte in seiner Studie „BRAND sense" nachweisen, dass sich multisensorische Reize direkt auf die Wahrnehmung der Produktqualität auswirken und folglich auf den Markenwert. Die Studie zeigt auch eine Korrelation zwischen der Anzahl an Sinnen, die eine Marke anspricht und dem Preis. Multisensorische Marken können demnach höhere Preise erzielen als vergleichbare Marken mit weniger sensorischen Eigenschaften. Das Erleben einer Marke mit unterschiedlichen Sinnesmodalitäten kann zudem differenzierte Wertschöpfungsbeiträge leisten und einen multiadditiven Effekt für Aufbau und Stärkung von Markenbekanntheit und Image haben.

Nach einer Studie von Mitchell et al. (2005) sind unzufriedene Kunden weniger loyal gegenüber dem Anbieter und weniger bereit, Marken und Unternehmen zu empfehlen. Das Marktforschungsinstitut Millward Brown fand in einer Studie bei 3500 Verbrauchern in 13 Ländern heraus: Wenn sich Konsumenten an mehrere Sinneseindrücke eines Produktes erinnern können, liegt die Markenloyalität bei 60 %. Ist es nur ein Sinneseindruck, liegt die Markentreue unter 30 %. „Multisensorisches Marketing begründet Markenerfolg", lautet das Fazit, das Millward Brown aus der Untersuchung zieht.

Reize, die multisensorisch aufeinander abgestimmt sind, erzeugen Aufmerksamkeit (die vermittelten Informationen werden im Allgemeinen spontan und schneller wahrgenommen, da sie durch den emotionalen Einfluss stärker aktivieren), wirken implizit (die vermittelten Informationen werden im Gehirn weitestgehend automatisch und mit geringerer gedanklicher Kontrolle aufgenommen und verarbeitet) und werden intensiver abgespeichert (die vermittelten Informationen werden ganzheitlich verarbeitet und damit grundsätzlich intensiver gespeichert. Sie haben eine fast unbegrenzte Lebensdauer). Es reicht meistens die Ansprache eines Wahrnehmungskanals aus, das ganze Markenbild entstehen zu lassen, wie beispielsweise beim Hören des Sound Logos der Deutschen Telekom.

Durch den Einsatz von Reizen auf die Sinne sollen beim Konsumenten Emotionen ausgelöst werden, die in weiterer Folge die Reaktionen und Verhaltensweisen gegenüber der Marke beeinflussen. Hierbei ist jedoch zu beachten, dass diese Sinnesreize auf die Markenidentität abgestimmt sind. Daher ist es im wahrsten Sinne des Wortes „sinnvoll", die Markenkommunikation auf mehrere Sinnesorgane zu verteilen.

Je mehr Sinne in der Markenkommunikation angesprochen werden, desto höher ist die Bindung zwischen der Marke und dem Konsumenten. Die Studie „5-Sense-Branding" von Pechmann und Brekenfeld (2007) konnte diese Annahme bestätigen. So steigt das Commitment mit jedem zusätzlich angesprochenen Sinn degressiv an. Je mehr Sinne konsistent angesprochen werden, desto stärker taucht der Konsument in die Erlebniswelt der jeweiligen Marke ein. Dabei ist die Qualität und nicht die Menge der möglichen Inszenierungen der entscheidende Wettbewerbsvorteil.

Royet et al. (2000) führten eine Studie zum Vergleich der emotionalen Wirkung optischer, akustischer und olfaktorischer Reize durch. Dabei stellen sie fest, dass alle Modalitäten emotionale Wirkungen entfalten, indem sie ein modalitätsunspezifisches, gemeinsames Netzwerk von Arealen in der linken Hemisphäre aktivieren.

Beim Markenwahrnehmungsprozess kommt es zur Aufnahme, Ordnung, Auswahl und Interpretation von markenbezogenen Informationen. Dabei kann man sich das Wiedererkennen einer Marke als Mustervergleich vorstellen, wobei die jeweilige Marke, insbesondere deren hervorstechende Merkmale, mit den im Gedächtnis der Konsumenten abgelegten Marken verglichen wird.

Die Intensität der multisensorischen Wahrnehmung ist u. a. abhängig vom Geschlecht. So reagieren Frauen beispielsweise beim Schmerzreiz als auch beim Geruchssinn früher und intensiver. Dies lässt sich dadurch erklären, dass Östrogen die Welt sozusagen einblendet, Testosteron hingegen ausblendet. Außerdem differenzieren sich Frauen aufgrund ihrer emotionalen Schwerpunkte (z. B. Fürsorge, Harmonie) von Männern hinsichtlich der Verarbeitung multisensorischer Erlebnisse. Die Intensität der multisensorischen Wahrnehmung ist auch vom Alter abhängig. So nehmen die Qualitäten unserer Sinne mit dem Alter ab, folglich auch die Sensibilität für die Multisensorik. Die Emotionssysteme, wie u. a. Dominanz und Stimulanz verändern sich ebenfalls mit dem Alter und gehen zurück.

Während ältere Menschen versuchen, neue Reize wegzulassen, da diese für sie störend wirken, brauchen Kinder neue Reize, um ihr Gehirn auszubilden. Kinder sind außerdem in allen Wahrnehmungskanälen sehr sensibel. Beispielsweise haben Kinder Probleme mit scharfem Essen, ältere Menschen hingegen in der Regel nicht.

Um sich im zunehmenden Wettbewerb in stagnierenden und gesättigten Märkten gegen die Konkurrenz behaupten zu können, werden für Unternehmen vor allem Konzepte, die eine Kundenbindung und Kundenrückgewinnung in den Vordergrund stellen, immer bedeutender. Dabei sind zweiseitige Kommunikationsprozesse im Sinne von Dialogen gefragt, um langfristige Beziehungen zwischen Unternehmen und Kunden aufbauen zu können. Eine besonders hohe Wirkung erzielen Dialoge, wenn die Informationen multisensorisch vermittelt und von der Zielgruppe aufgenommen werden.

Der Begriff Multisensorik, teilweise auch Multisensualität bezeichnet, umfasst die Ansprache der relevanten Zielgruppe im Rahmen der Markenkommunikation über mehrere menschliche Sinne. Zu den für das Marketing relevanten Sinnen zählen Gesichts- (Optik), Gehör- (Akustik), Geruchs- (Olfaktorik), Geschmacks- (Gustatorik) und Tastsinn (Haptik). Grundlegend ist dabei die Annahme, dass die Wirkung der kognitiven Verarbeitung eingehender Reize umso höher ist, je mehr Reizmodalitäten gleichzeitig und ganzheitlich eingesetzt werden.

Unter dem Begriff Multisensorische Markenführung versteht man den umfassenden Prozess zur ganzheitlichen Sinnesansprache in der Markenkommunikation. Die multisensorische Markenführung besteht entsprechend des entscheidungsorientierten Führungsverständnisses des Marketings aus einer strategischen Markenführungsphase (Situationsanalyse, Ziel- und Strategiedefinition), einer operativen Markenführungsphase (Umsetzung, zielbezogene Verwendung von mono-, duo- und multisensualen Kombinationen von Kommunikationselementen) sowie einer Markencontrollingphase (Effektivitätskontrolle durch GAP- und Wirkungsanalysen, Übersetzung relevanter Sinneseindrücke in eine ganzheitliche Sinnesansprache zur Vermittlung der Markenidentität an die relevante Zielgruppe).

Diese Arbeit folgt dem allgemeinen Begriffsverständnis von Fösken (2006), wonach die Multisensorik im Rahmen der Markenkommunikation als Ansprache der relevanten internen und externen Zielgruppe über gleichzeitig mehrere bzw. mindestens drei Sinne definiert werden kann.

Für eine optimale Markenführung muss die Marke möglichst über alle Sinne erlebbar gemacht werden. Dabei ist darauf zu achten, dass alle Sinneseindrücke dasselbe Erlebnis vermitteln. Grundsätzlich gilt: Je mehr sensorische Berührungspunkte es zur Zielgruppe gibt, desto effektiver kann eine olfaktorische Markenkommunikation implementiert werden. Zur Erleichterung der Verarbeitung von multisensorischen Reizen sollten diese aufeinander abgestimmt sein. Dies beinhaltet die inhaltliche und formale Abstimmung aller Kommunikationsmaßnahmen, um die erzeugten Kommunikationseindrücke zu vereinheitlichen und zu verstärken.

Erfolgsfaktoren für die multisensorische Markenführung kann man nicht pauschalisieren. Die multisensorische Markenführung gibt es per se nicht. Da Erfolgsfaktoren in der multisensorischen Markenführung stets vom Produkt, der Branche und dem Kontext abhängig sind, können keine generellen Erfolgsindikatoren ausgemacht werden.

Um Produkte oder Marken multisensorisch zu gestalten, bedarf es einer ganzheitlichen Gestaltung, die nur von der Marke als Ganzes ausgehen kann. Eine isolierte gestalterische Betrachtung einzelner Elemente darf nicht verfolgt werden. Ein wichtiger Erfolgsfaktor ist dabei die Analyse der Wirkung des Einflusses von Einzelelementen (Farben, Formen, Materialien usw.) beim Konsumenten, soweit sie getrennt voneinander wahrgenommen und beurteilt werden.

Multisensorisches Marketing ist das stärkste Konzept zur Differenzierung der eigenen Marke und zugleich effektivste Variante, um eine ganzheitliche, intensive und einzigartige Markenerinnerung zu erreichen. Denn auch hier wirkt der Marken-Dreiklang: Bekanntheit-Sympathie-Kauf.

Je intensiver und nachhaltiger die Markenwahrnehmung, desto höher die Markenerinnerung und damit letztlich der Kauf. Das Geheimnis der multisensorischen Markenführung liegt darin, wenig, jedoch exakt das Richtige zu bieten. Verschiedene Sinne sollten einbezogen werden, um relevante Informationen zu bieten – bei gleichzeitiger Minimierung der Reizüberflutung. Zentraler Erfolgsfaktor ist, dass alle Sinne bewusst – aus dem Selbstverständnis der Marke heraus – eingesetzt werden.

Man muss prüfen, welche Möglichkeiten sich einem bieten, neben dem visuellen und auditiven Sinn auch andere Sinnesorgane im Rahmen des multisensorischen Marketings anzusprechen. Hier gilt es sowohl den Anlass, die Form als auch den Kontext zu berücksichtigen. In ausgewählten Bereichen kann es sicherlich ergänzende und unterstützende komplementäre Wirkungen geben. Im Einzelfall kann multisensorisches Marketing einen wichtigen Beitrag zur Emotionalität der Marke leisten. Im Rahmen der multisensorischen Markenführung bildet das Duftmarketing einen Teilbereich. Während die Verwendung von Düften im Marketing an sich nicht Neues ist, ist der gezielte Einsatz von Düften in Kommunikationsmaßnahmen und bei Events relativ neu (Hehn, 2021). Das Interesse am Dufteinsatz in der Markenkommunikation steigt aufgrund zunehmender Erkenntnisse über die Wirkung von Düften, insbesondere über ihre vielfältigen Gedächtniswirkungen und ihr emotionales Potenzial (Hehn, 2007). Neben der klassischen Kommunikation (Above-the-Line-Werbeform), die überwiegend mit visuellen und akustischen Reizen die Sinne anspricht, bietet vor allem die Below-the-Line-Kommunikation (u. a. Verkaufsförderung am POS, Events, Sponsoring) die Möglichkeit zur (multisensorischen) Vermittlung von olfaktorischen Markenerlebnissen.

4.1 Der Einfluss der Olfaktorik auf die Markenwahrnehmung

Obwohl unser Geruchssinn nur rund 3,5 % unserer Sinneseindrücke beisteuert, haben Millward Brown und Lindstrom (2005) in ihrer BRAND sense Studie herausgefunden, dass der Geruchssinn für Konsumenten bei Kaufentscheidungen nach dem Sehsinn die zweithöchste

Wichtigkeit der Sinne bei Kaufentscheidungen

Sehsinn	58,0%
Geruchssinn	45,0%
Gehörsinn	41,0%
Geschmackssinn	31,0%
Tastsinn	25,0%

Abb. 4.1 Wichtigkeit der Sinne bei Kaufentscheidungen

Priorität genießt. Die Ergebnisse in Abb. 4.1 verdeutlichen, dass der Sehsinn (58 %), dicht gefolgt vom Geruchssinn (45 %) und dem Gehörsinn (41 %) die Wichtigkeitsskala bei Kaufentscheidungen anführen. Aber auch der Geschmackssinn (31 %) und der Tastsinn (25 %) sind hinsichtlich der Bewertung von Marken nicht zu vernachlässigen. Marke wird jetzt erlebbar, auch ohne dass man sie sieht. Durch das Erleben nicht-visueller Reize entstehen im Kopf Bilder, was natürlich voraussetzt, zuvor eine Werbung des Unternehmens gesehen zu haben.

Die visuellen Eindrücke sind bedeutend effektiver und bleiben besser im Gedächtnis, wenn sie mit einem anderen Sinneseindruck verbunden sind, beispielsweise mit einem Geräusch oder einem Geruch. Für viele Warengruppen können Töne und Düfte sogar wesentlich wirkungsvoller sein als der optische Eindruck. So reicht beispielsweise eine kurze Melodie (Bsp. Intel Sound Logo) aus, um ein konkretes Markenbild ins Bewusstsein zu rufen. Bisher haben sich weniger als drei Prozent der Fortune 1000 Unternehmen mit Duft als Markenbestandteil beschäftigt. In Anbetracht der Tatsache, dass der durchschnittliche Mensch täglich rund 20.000 Mal atmet und dabei jedes Mal Gerüche mit aufnimmt, so wird deutlich, welches Potenzial gezieltes Duftmarketing bietet.

So werden Musik und Duft ab dem Überschreiten der Wahrnehmungsschwellen immer wahrgenommen, da der Mensch Ohren und

Nase nicht verschließen kann. Während Elemente der optischen Ladengestaltung nur dann ihre Wirkung entfalten, wenn der Konsument seinen Blick bzw. seine Aufmerksamkeit auch tatsächlich auf die entsprechenden Elemente richtet, können Musik und Duft ihre Wirkungskraft in der gesamten Verkaufsfläche permanent entfalten. Außerdem wirken Musik und Duft unbewusst und können ohne große kognitive Anstrengungen verarbeitet werden. Daher können sie gerade dann Emotionen und Informationen vermitteln, wenn der Konsument über ein niedriges Involvement verfügt.

Aus diversen Untersuchungen wissen wir, dass richtig ausgewählte Düfte Informationen über Produkte, Dienstleistungen und Personal liefern, die Aufmerksamkeit der Kunden am Point of Sale lenken, die Verweildauer im Geschäft verlängern, die Sortiments- und Geschäftswahrnehmung positiv beeinflussen, Spontankaufraten erhöhen, das Wohlbefinden der Kunden steigern und natürlich auch unangenehme Gerüche überdecken können. Ein Duft erhöht die Wiedererkennbarkeit einer Marke und sollte zur Corporate- bzw. Brand Identity gehören genauso wie ein Jingle, ein Logo, eine Farbe.

Rempel (2006) konnte in seinen Studien belegen, dass ein zu einer Marke passender Duft, sowie ein Duft, der sowohl zur Marke als auch zur bildhaften Werbung der Marke passt, die Einstellung zur Marke und das innere Bild positiv beeinflussen. Ein unpassender Duft erzielt hingegen negative Wirkungen. Anders als bei anderen Reizen gibt es für Düfte bislang noch keine allgemeingültige Geruchsklassifikation, was den Einsatz von Düften und die Gestaltung passender Markendüfte erschwert. Da Düfte die emotionale Attraktivität von Produkten steigern können, kann der Geruchssinn einen wesentlichen Beitrag zur Präferenzbildung von Marken leisten. So lassen sich 24 bis 38,5 % der Präferenzbildung bei Shampoos durch Dufteinfluss erklären.

Insbesondere zur Kommunikation nicht wahrnehmbarer Produkteigenschaften sind Düfte bestens geeignet. Daher kommen Shampoos, Duschgels, Wasch- und Geschirrmittel sowie Haushaltsreiniger heute kaum noch ohne Parfumzusatz aus. Der Duft gilt somit als „unsichtbare Markenpersönlichkeit", mit der (nicht wahrnehmbare) Markeneigenschaften kommuniziert und eine emotionale Bindung zur Marke geschaffen werden können.

Bei Kongruenz von einem angenehmen Duft mit einem ebenso ansprechenden visuellen Eindruck, verstärkt sich nicht nur der angenehme Eindruck, sondern bleibt auch mit höherer Wahrscheinlichkeit besser in Erinnerung. Außerdem haben Forscher festgestellt, dass der Geruch vielfach die gleichen Gehirnregionen aktiviert wie der Anblick eines Produktes bzw. eines Produktlogos. Riecht der Konsument eine Pizza, dann entsteht in seinem Kopf auch das Bild einer Pizza – zusammen mit dem Pizza Hut-Logo oder dem Logo des Liebling-Italieners. Passen jedoch Duft und Bild nicht zusammen, werden sie vergessen.

Düfte nehmen auch Einfluss auf Leistung, Angst, Stress und Erregung genauso wie auf Aufmerksamkeit, Wahrnehmung und Gemütsverfassung. Die meisten Menschen verfügen nur über eine sehr begrenzte Sprache zur Beschreibung von Gerüchen. Diese werden daher häufig nicht durch einzelne Attribute beschrieben, so wie sich beispielsweise ein Bild oder eine Tonfolge beschreiben ließen, sondern mit den Worten „das riecht wie …“. Somit wird Duft als ein Attribut von etwas anderem beschrieben und dessen Wahrnehmung geht daher nahezu immer einher mit der Bildung von Assoziationen. Innere Bilder werden im Wesentlichen durch visuelle Reize erzeugt und können durch olfaktorische Reize aktiviert werden. Die Wahrnehmung von Düften hängt beim Empfänger nicht nur von seinem Alter ab, sondern auch von seinem Geschlecht und seinen persönlichen Erfahrungen. Folglich ist das Finden eines Duftes für eine größere Zielgruppe keine leichte Aufgabe. So riechen Frauen beispielsweise empfindlicher als Männer. Die Gründe dafür sind noch nicht erforscht. Henseler (2005) konnte in seiner Studie nachweisen, dass Gerüche je nach Lebensstil unterschiedlich wahrgenommen werden. Kombiniert man Lebensstile und Duftnoten entsteht eine Komplexität an Wirkungen, die kaum zu kontrollieren ist. Daher sollten künstliche Düfte nur sehr vorsichtig eingesetzt werden. Bei natürlichen Düften müssen Ware und Geruch übereinstimmen.

In der Duftwahrnehmung sind auch Unterschiede zwischen verschiedenen Ländern und Kulturen zu berücksichtigen. Amerikaner haben eine spielerische, neugierigere Einstellung zu ungewöhnlicher Kommunikation. Südamerikaner haben eine positive Einstellung zu Düften, Kanadier eher negativ. Europäer sind grundsätzliche skeptisch bis kritisch. Demnach gilt es einen individuellen Ansatz zu entwickeln, der sich jedoch für globale Marken als äußerst schwierig gestalten kann.

Einer der beliebtesten und am leichtesten zu erkennenden Düfte ist das Babypuder der Marke Penaten. Der Grund dafür liegt darin, da der Duft dieses Baby-Puders bei den meisten Konsumenten frühkindliche Assoziationen in Erinnerung ruft. Zahlreiche Unternehmen verwenden u. a. den Vanilleduft – der sich auch in Muttermilch und Babynahrung findet – für ihre Produkte. Beispielsweise hat Coca-Cola die Geschmacksrichtungen „Coca-Cola Vanilla" und „Black Cherry Vanilla Coke" auf den Markt gebracht. Ein Experiment in einem amerikanischen Bekleidungsgeschäft hat gezeigt, dass sich der Verkauf von Damenbekleidung verdoppelte, wenn „weibliche Düfte" wie Vanille in der Damenabteilung versprüht wurden.

Das Aktivierungspotenzial von Düften und seine Nutzung als Qualitätsindikator werden häufig verkaufsfördernd genutzt, wie die folgenden Beispiele deutlich machen. In alten Wiener Kaffeehäusern werden die Dielenböden morgens vor Geschäftseröffnung mit frisch gemahlenem Kaffee bestreut, um die Gäste bereits am Morgen mit dem wohligen Aroma frischen Kaffees zu empfangen. Einige Unternehmen setzen auch so genannte Duftterminals ein, mit denen im Rahmen von Einführungsaktionen Werbespots für neue Produkte szenengenau beduftet werden können. Auch duftende Werbeartikel (Give Aways) werden im Zuge von Verkaufsförderungsaktionen verschenkt. So verteilte u. a. in Frankreich das Unternehmen Suchard Schlüsselanhänger in Form einer Tafel Schokolade mit einem Schokoladenduft. Mit Duft ermöglichen wir dem Kunden eine Vorabwahrnehmung der Produkteigenschaften. Am Point of Sale kann das der Duft eines aus Hygienegründen hermetisch versiegelten Produkts sein (ein Shampoo, eine Körperlotion), der in die Außenverpackung oder in ein beduftetes Display integriert werden kann.

Zahlreiche Unternehmen versuchen ihre Unternehmensidentität über Corporate-Identity-gerechte Duftbotschaften (Corporate Smell) zu kommunizieren. Der Corporate Smell soll beispielsweise Verkaufsräume, Eingangshallen, Büroräume und u. U. auch die Unternehmensprodukte mit einem typischen Unternehmensduft in Szene setzen. So setzt beispielsweise das Unternehmen Samsung in seinem Flagshipstore in New York auf den Duft von Honigmelonen, der bei Verbrauchern ein Südsee-Gefühl wecken und für Entspannung sorgen soll. Die britische

Bekleidungskette Thomas Pink war lange Zeit dafür bekannt, dass durch die Läden der Geruch von frisch gewaschener Baumwolle zog. British Airways setzt in seinen Warteräumen auf den Duft von Meadow Grass, um so das Gefühl zu erzeugen, man halte sich im Freien auf. Auch andere Vertreter der Luftfahrt, wie z. B. Singapore Airlines oder Air France setzen auf Corporate Smell. So tragen bei der französischen Fluggesellschaft nicht nur das Parfum der Stewardessen maßgeblich zum Gesamtbild der Marke bei, sondern auch die Flugzeugsitze, die nach Chanel Nr. 5 duften.

An dieser Stelle sei auch darauf hingewiesen, dass branchenspezifische Gerüche wie Croissantgeruch für Bäckereien und Kokosnussduft für Reiseagenturen den direkten Markenaufbau meist nicht oder nur unwesentlich unterstützen können. Der Grund liegt darin, da sie unspezifisch mit einer Branche und nicht mit einer Marke assoziiert werden. Ihre sofortige Aktivierungswirkung bleibt jedoch erhalten.

Nach Hehn (2021) können folgende Einsatzmöglichkeiten von Duft bei Events zur Erreichung beispielhafter Ziele beitragen:

- Die Signalwirkung von Duftstoffen kann die Aufmerksamkeit auf bestimmte Bereiche lenken.
- Assoziationen zu bestimmten Düften können das Thema des Events olfaktorisch übersetzen.
- Wechselnde Düfte können Bestandteil einer aktiven olfaktorischen Inszenierung sein.
- Düfte können über ihre Assoziationen das Firmen- und Markenimage unterstützen.
- Durch Duft ausgelösten Emotionen können die Produkt-, Marken- und Eventbeurteilung
- positiv beeinflussen und somit ein positives Wahrnehmungsklima schaffen.
- Duft kann durchgängig und umfassend freigesetzt oder räumlich und zeitlich begrenzt
  sowie intermittierend ausgebracht werden.

Jedenfalls stellt sich die Frage, mit welchen Düften man versuchen kann, die genannten Ziele zu erreichen. Jedenfalls muss es das Ziel der

Marketingverantwortlichen sein, dass die verwendeten Düfte von der Zielgruppe möglichst positiv beurteil werden, denn die unmittelbarste und grundlegendste Reaktion auf einen Duft ist hedonischer und weniger analytischer Natur: Mag man ihn oder nicht (Herz, 2010).

Die Olfaktorik ist in der multisensorischen Markenkommunikation noch unterrepräsentiert, weil es zu wenige Informationen und zu viele Berührungsängste gibt. Die Implementierung scheitert oft an der mangelnden Risikobereitschaft von Unternehmen und an der Ignoranz der Agenturen. Besonders in Zeiten reduzierter Budgets will man lieber auf Nummer Sicher gehen als eine Strategie vorschlagen, deren Wirksamkeit sich nicht umgehend, z. B. mit Erfolgszahlen von Mitbewerbern, belegen lässt.

Im Gegensatz zum Sehen und Hören, die als verlässlich angesehen werden, weil sie am besten erforscht sind und Zahlen zum „Return on Investment" (ROI) liefern, existieren für den Geruchssinn keine harten ROI-Zahlen. Duft alleine kann keine Marke positionieren oder ein Produkt verkaufen aber eine wachsende Zahl an Marketingexperten versteht den Wert im Zusammenspiel der Sinnesstimulationen.

Der systematische Einsatz von (Raum-)Düften als Marketinginstrument findet im Dienstleistungsbereich zunehmend Beachtung. Aus Sicht der Unternehmen bietet eine aktive Gestaltung der Dienstleistungsumgebung mit Raumdüften vielfältige Potenziale. Es konnte nachgewiesen werden, dass eine semantische Verbindung zwischen den Reizen zu signifikant besseren Ergebnissen führt als wenn zwischen den Reizen kein Zusammenhang besteht.

Bei der technischen Umsetzung des Dufteinsatzes unterscheidet man zwischen automatischer und manueller Duftausbringung. Während vor vielen Jahren Geräte eingesetzt wurden, um Rezipienten von Werbespots, Filmen, Musical-Vorstellungen individuell und szenegenau mit Bild, Ton und Duft zu unterhalten, fokussieren sich aktuelle und zukünftige Entwicklungen auf den Dufteinsatz in immersiven Technologien. So werden beispielsweise in virtuellen Welten und 360°-Videos Zusatzgeräte für Virtual-Reality-Brillen genutzt, die neben Düften auch Nebel, Wärme, Windstöße und Vibrationen erzeugen können (Hehn et al., 2019).

Wird Duftmarketing angewendet, so darf auf eine Kontrolle der Duftströme nicht verzichtet werden. Wenn Markenhersteller im Einzelhandel beispielsweise einen Duft in den Raum abgeben, können davon auch Wettbewerber profitieren. Angenommen, Marke A setzt einen Duft im Regal frei. Dann kann es wegen der Flüchtigkeit der Düfte passieren, dass der Absatz der Marke B steigt.

Kontrovers diskutiert wird die Frage der (ethischen) Zulässigkeit der unterschwelligen Beeinflussung durch Duftstoffe (z. B. in der Raumluft). So weiß man u. a., dass unterbewusst wahrgenommene Sexualreizstoffe (Pheromone) auch beim Menschen eine starke Aktivierung herbeiführen können. Auch Moschus- und Vanillinduft sind hochaktivierend.

Der Dufteinsatz ist mit einigen Herausforderungen verbunden. Neben der Auswahl eines geeigneten Dufts, müssen die Duftstoffe gespeichert und bei Bedarf kontrolliert freigesetzt werden. Zudem besteht häufig Aufklärungsbedarf bei Marketingverantwortlichen über die Potenziale, die im Dufteinsatz liegen. Denn wegen der üblicherweise beiläufigen Duftwahrnehmung haben sie oft Schwierigkeiten, die Wirkung von Düften nachvollziehen zu können (Hehn, 2021).

Da die Entwicklung von Duftkompositionen und Riechstoffen zeitlich und finanziell häufig sehr aufwendig ist, haben Unternehmen ein großes Interesse, ihre Düfte vor Nachahmungen bestmöglich – und folglich auch rechtlich – zu schützen. Dabei besteht die Möglichkeit, sich die streng geheim gehaltene Rezeptur des jeweiligen Duftes als „Sonstige Marke" markenrechtlich schützen zu lassen.

Gerüche sind eng mit unserem Erlebnis einer Marke oder eines Produktes verbunden und werden wohl in Zukunft im Zuge der multisensorischen Markenführung eine wichtigere Rolle spielen. Die meisten Marketingmaßnahmen sind bereits ausgereizt, sodass das Interesse an innovativen Maßnahmen groß ist. Technisch sind dem Duftmarketing kaum Grenzen gesetzt. Von der individuellen Nahbereichsbeduftung über Dufttechnik für VR-Brillen bis hin zur Großraum- und Freiluftbeduftung sind diverse Event-Szenarien umsetzbar (Hehn, 2021).

4.2 Der Einfluss weiterer Sinne auf die Markenwahrnehmung

Der folgende Abschnitt untersucht den Einfluss der Optik, Akustik, Haptik und Gustatorik auf die Markenwahrnehmung.

4.2.1 Der Einfluss der Optik auf die Markenwahrnehmung

Aus Sicht der Wahrnehmungspsychologie wird allgemein von einer Dominanz der visuellen Modalität ausgegangen („Primat des Sehens"). So ist der Stellenwert, den die Optik in Lehrbüchern der Wahrnehmungspsychologie bzw. die visuelle Konsumentenansprache in den Lehrbüchern des Marketings einnehmen, enorm. Auch die riesige Anzahl an wissenschaftlichen Studien in beiden Wissenschaftsdisziplinen, die sich mit visuellen Reizen befassen, lässt eine Dominanz der Optik vermuten. In der Kommunikation sind Bilder oftmals durch TV-, Printwerbung oder Schaufenster der erste Kontakt zu einer Marke und dienen als Rahmen für die weitere Beurteilung.

Design kann nicht nur helfen, Krisen erfolgreicher zu überstehen, sondern kann bei genauer Fokussierung auf den Markenkernwert sogar zu Umsatzsteigerungen führen. Design ist nicht Verpackung. Design ist eine Art zu denken. Es macht sich Gedanken über das ganze Produkt. Es muss auch emotional erfreuen.

Bildinformationen werden im Gegensatz zu Sprachinformationen schneller aufgenommen, verarbeitet und gespeichert. Folglich bevorzugen Konsumenten bildliche Informationen bei der Informationsvermittlung. Treten Interaktionseffekte auf, so geht man in der Regel von einer Dominanz der Optik bei der Informationsverarbeitung aus. Tendenziell neigt der Mensch dazu, im Zweifel seinen Augen zu trauen. Die visuelle Reizüberflutung in der heutigen Zeit ist größer als je zuvor. 83 % unserer Sinneseindrücke werden über den Sehnerv aufgenommen und weitere 11 % über die Ohren. Das Sehen ist für den Menschen der wichtigste Sinn, was man bereits daran sieht, dass etwa ein Drittel unseres Gehirns mit dem Sehen beschäftigt ist. Dabei werden der Seh- als auch der Hörsinn mit Informationen überflutet und sind folglich „überfüllt". Die restlichen sechs Prozent verteilen sich auf die anderen Sinnesorgane.

Die visuellen Eindrücke sind bedeutend effektiver und bleiben besser im Gedächtnis, wenn sie mit einem anderen Sinneseindruck verbunden sind, beispielsweise mit einem Geräusch oder einem Geruch. Für viele Warengruppen können Töne und Düfte sogar wesentlich wirkungsvoller sein als der optische Eindruck. So reicht beispielsweise eine kurze Melodie (Bsp. Intel Sound Logo) aus, um ein konkretes Markenbild ins Bewusstsein zu rufen.

Musik und Duft werden ab dem Überschreiten der Wahrnehmungsschwellen immer wahrgenommen, da der Mensch Ohren und Nase nicht verschließen kann. Während Elemente der optischen Ladengestaltung nur dann ihre Wirkung entfalten, wenn der Konsument seinen Blick bzw. seine Aufmerksamkeit auch tatsächlich auf die entsprechenden Elemente richtet, können Musik und Duft ihre Wirkungskraft in der gesamten Verkaufsfläche permanent entfalten. Außerdem wirken Musik und Duft unbewusst und können ohne große kognitive Anstrengungen verarbeitet werden. Daher können sie gerade dann Emotionen und Informationen vermitteln, wenn der Konsument über ein niedriges Involvement verfügt.

Diese Ausführungen bedeuten nicht, dass die visuelle Modalität im Rahmen der multisensorischen Markenführung, insbesondere bei der Erlebnisvermittlung, vernachlässigt werden könnte. Sie sollen lediglich die visuelle Dominanz, die allerdings von Kategorie zu Kategorie schwankt, im (Handels)Marketing im Allgemeinen in Frage stellen und die Bedeutung der multisensorischen Erlebnisvermittlung hervorheben, da der Einsatz mehrerer Sinne zu einer multisensorischen Verstärkung führt. Diese Erkenntnis nutzen besonders Automobilhersteller, die einen hohen Anteil der Entwicklungsaufwendungen in das Sound Engineering investieren, um ein stimmiges akustisches Erscheinungsbild des Fahrzeuges, insbesondere einen unverwechselbaren wiedererkennbaren Motorsound, zu kreieren.

Die meisten Marken jedoch sprechen die Verbraucher heute immer noch vorwiegend über das Auge an. Damit vergeben jedoch Unternehmen eine große Chance, die Verbraucher stärker an ihre Marke zu binden.

Marken, die in der Werbung vielfach austauschbar sind, können sich differenzieren, indem sie den Menschen multisensorisch ansprechen.

4.2.2 Der Einfluss der Akustik auf die Markenwahrnehmung

Der konzeptionelle, gestalterische Umgang und Einsatz mit akustischen Reizen ist keine Trenderscheinung, sondern ein Prozess, der sich über die Jahrhunderte entwickelt hat. Bereits um ca. 500 v. Chr. haben sich Philosophen mit der Frage der Wirkung von Musik auf den Menschen beschäftigt. Die naturwissenschaftliche Auseinandersetzung mit akustischen Reizen hat jedoch erst vor rund 100 Jahren begonnen.

Naturwissenschaftler haben sich zuerst der Akustik, die Lehre vom Schall, danach der Psychoakustik, die sich mit der menschlichen Wahrnehmung von Geräuschen beschäftigt, gewidmet. Erst vor einigen Jahrzehnten entwickelten sich parallel dazu die Neurowissenschaften. Aus diesen Anfängen der empirischen Untersuchung von akustischen Reizen resultieren verschiedene Forschungsgebiete und Forschungsergebnisse.

Akustische Reize werden u. a. seit rund 60 Jahren gezielt als Mittel zur Unterstützung von Werbebotschaften eingesetzt. Dies liegt u. a. darin begründet, dass der akustische Wahrnehmungskanal besonders effizient ist, da Menschen von sich aus eine sehr hohe Affinität für emotionales und assoziatives Involvement gegenüber Musiken und Klängen aufweisen (Schramm & Kopiez, 2011).

Nach Roth (2005) befindet sich jedoch die Untersuchung von akustischen Reizen zur Kommunikation in der Position „schlecht erforschter Mauerblümchen". Bruner (1990) weist darauf hin, dass sich bis 1990 weniger als 20 empirische Marketingstudien auf die Verwendung von Musik bezogen. Unter den akustischen Elementen wurde bislang die Musik am ausgiebigsten wissenschaftlich untersucht. Dabei konnte ein umfassender Einfluss der Musik auf unterschiedliche Bereiche nachgewiesen werden.

Analog zur Psychologie ist es primär Aufgabe der Musikpsychologie, universelle Gesetzmäßigkeiten beim Musikhören und Musikmachen zu erforschen. Die Psychophysik und die Psychophysiologie dienen dafür als Grundlage dieser Gesetzmäßigkeiten. Ableitend aus der Allgemeinen Psychologie können schließlich Aussagen über die Prozesse der Wahrnehmung, Repräsentation und Produktion von Musik getroffen werden. In unserer Musikkultur erfolgt häufig eine Einschränkung des Musikbegriffs auf die tonal gebundene Musik (Dur-Moll-Tonalität). Dabei handelt es sich um eine nicht gerechtfertigte eurozentrische Sicht, denn ein Blick auf inner- wie auch außereuropäische Musikkulturen beweist, dass es auch tonal nicht gebundene Musikformen (atonale Musik) gibt.

Frühe Forschungsarbeiten haben den Einfluss von Musik auf die Stimmung und Emotionen von Menschen untersucht. So zeigen die Ergebnisse der Studie von Rigg (1940), dass schnelle Musik fröhlicher wahrgenommen wird als langsame Musik. Zudem konnte bei einigen Studien nachgewiesen werden, dass Musik in hoher Tonlage mit Freude assoziiert wird, hingegen Musik in tiefer Tonlage mit Traurigkeit.

Kellaris und Kent (1991, 1994) haben die Wirkung unterschiedlicher Tonarten auf Konsumenten-Reaktionen untersucht. Wie die Ergebnisse zeigen, wird allgemein Musik in Dur-Tonart als attraktiver empfunden, als Musik in Moll-Tonart oder atonale Musik. Die Ergebnisse zeigen, dass unterschiedliche Tonalitäten von Musik (Dur-Moll-Tonalität, Atonalität) die subjektive Zeitwahrnehmung der Hörer beeinflussen kann.

Die Verwendung von akustischen Reizen, insbesondere Musik, kann die Erinnerung an die Werbung, an den Werbeslogan oder an das beworbene Produkt bzw. Marke verbessern. Eine sich wiederholende, einfache Melodie eines (Werbe)Songs kann als Erinnerungshilfe für den Text dienen.

Um die Erinnerungsfähigkeit zu fördern, muss die assoziativ-emotionale Komponente von akustischen Reizen beachtet werden. Je nach Art der Musik haben musikalische Hintergrundelemente positive Auswirkungen auf die Verarbeitung von Informationen. So zeigen die Ergebnisse von Allan (2006), dass sich Popmusik mit Gesang positiver auf Aufmerksamkeit und Erinnerung der Werbung auswirkt, als Instrumental-Musik oder keine Musik. Zudem beeinflusst auch die persönliche Bedeutung eines Popsongs in der Werbung Aufmerksamkeit und Erinnerung positiv. Ob die Erinnerung an die Werbung oder die Marke durch den Einsatz von akustischen Stimuli verbessert wird, ist u. a. vom Involvement des Rezipienten abhängig (Alpert & Alpert, 1991).

Zahlreiche Forschungsarbeiten belegen, dass im Sinne des Modalitätseffekts eine Kombination von akustischen und visuellen Reizen einen positiven Einfluss auf die Verstehens- und Erinnerungsleistungen hat. Dies resultiert daher, da in unterschiedlichen Modalitäten kodierte Informationen kognitiv besser integriert werden (Moreno & Mayer, 1999). Vor allem unerfahrene Nutzer zeigen bei einer Darbietung von visuellen Textinformationen in Kombination mit auditiv-verbalen Elementen eine bessere Informationsverarbeitung.

Sharma und Stafford (2000) konnten feststellen, dass eine Ladenatmosphäre, die durch eine gehobene Ausstattung gedeckte Farben und mit dazu passender klassischer Hintergrundmusik charakterisiert ist, die subjektiv wahrgenommene Glaubwürdigkeit des Verkaufspersonals erhöht. Die Ergebnisse von Hui et al. (1997) zeigen eine Verbesserung der Beurteilung des Service durch die Verwendung von Musik im Service-Bereich (u. a. Restaurant). Nach Peevers et al. (2009) kann Musik die wahrgenommene Wartezeit in der Telefonwarteschleife signifikant reduzieren.

Die empirischen Studienergebnisse von Roth (2005) zeigen, dass Musik bzw. Geräusche, die besonders auffällig gestaltet sind, die Aufmerksamkeit der Rezipienten gegenüber kommunikativen Maßnahmen beeinflussen können. Es soll eine Sympathie zum Unternehmen bzw. zum Produkt oder zur Marke hergestellt und vor allem eine hohe Wiedererkennung erreicht werden. Dabei spielen Melodik und Harmonik eine bedeutende Rolle. Die Ergebnisse einer Studie von Langeslag et al. (2013) zeigen, dass die Verwendung von Sound Logos in Videogames zwar die Markenerinnerung signifikant unterstützen kann, jedoch keinen Einfluss auf das Markenimage ausübt.

Nach den Ergebnissen von Kellaris und Rice (1993) hat das Geschlecht einen moderierenden Einfluss auf Reaktionen hinsichtlich der Lautstärke von Musik. So reagieren Frauen signifikant positiver auf leise Musik, als auf laute Musik. Nach North und Hargreaves (2008) bevorzugen Frauen laut allgemeinem Muster „softer musical styles" (u. a. Pop-Musik), Männer hingegen „harder, more aggressive styles" (u. a. Hardrock-Musik).

Mehrere Studien kommen zum Ergebnis, dass eine dem Kontext angepasste Musik („musical-fit" bzw. „music-message-fit") eine positive

Wirkung auf die Einstellung zur Werbung, zur Marke und auf das Kaufverhalten erzielen kann. Die Ergebnisse von Kellaris und Mantel (1996) zeigen einen signifikanten positiven Einfluss von Stimulus-Kongruenz („stimulus congruity"), d. h. die Übereinstimmung der durch Musik hervorgerufenen Bedeutung mit jener der Werbebotschaft auf die wahrgenommene Dauer von Werbung. Wie Kellaris et al. (1993) herausgefunden haben, beeinflussen Stimulus-Kongruenz und der Wert der Aufmerksamkeitssteigerung („attention-gaining value") in Wechselwirkung die Rezeption der Werbebotschaft. Aufbauend auf dieser Studie empfehlen Shen und Chen (2006) den Einsatz kongruenter Musik in der Werbung.

Areni und Kim (1993) konnten empirisch nachweisen, dass in einem Weingeschäft, in dem klassische Musik (u. a. Mozart) im Hintergrund gespielt wurde, signifikant höhere Umsätze erzielt werden als mit aktueller Top-40-Musik. Nach Salzmann (2007) muss die gewählte Musik kongruent zum erlebnisorientierten Ladengestaltungsthema sein (z. B. Reggae-Musik zum karibischen Urlaubserlebnis eines Bademodegeschäftes), um eine positive emotionale Anmutung zu erreichen.

Letztlich beeinflussen auch Faktoren, die vom kommunikativen Absender nicht selbst beeinflusst werden können, die (emotionale) Wirkung von akustischen Reizen, insbesondere Musik. Dazu gehören u. a. Geschlecht, Alter, kultureller Hintergrund des Hörers, Einstellung, momentane Stimmung, aktuelle Situation des Rezipienten, musikalisches Training des Zuhörers, Gefallen, Vertrautheit als auch bestimmte Erinnerungen, die mit einem Musikstück assoziiert werden.

Wie Studien zeigen, wird die Einstellung zur Marke durch die Einstellung zur Werbung beeinflusst. So kann sich eine positive Einstellung gegenüber der Werbung in einer positiven Einstellung zur Marke niederschlagen.

Weitere Studien haben einen Einfluss der Einstellung zur Werbung auf die Kaufabsicht bestätigt. Zudem konnten Biehal et al. (1992) feststellen, dass sich die Einstellung zur Werbung auch auf die Markenwahl auswirkt. MacKenzie et al. (1986) konnten zeigen, dass Konsumenten das beworbene Produkt dann besser bewerten, wenn ihnen auch die Werbemaßnahme gefällt.

Die Einstellung zur Werbung ist grundsätzlich von der Einstellung zur Marke, die ebenfalls die Werbewirkung beeinflussen kann, zu unterscheiden. Letztlich ist die Einstellung zur Marke stabiler als die Einstellung zur Werbung, „da sie in der Regel auf vorhandenen, realen Markenerfahrungen beruht" (Föll, 2007).

Nach Craton und Lantos (2011) wird die Einstellung zur Werbung durch die Einstellung zur Werbemusik signifikant beeinflusst. Die Einstellung zur Werbemusik umfasst wie die Einstellung zur Werbung sowohl kognitive als auch affektive Dimensionen.

Nach den Ergebnissen der Studie von Alpert und Alpert (1988) kann Musik dazu beitragen, dass Werbung als weniger störend oder irritierend empfunden wird sowie Ablehnung und Missfallen reduziert werden. Der Effekt zeigt sich vor allem bei Musik, die sich an bekannte Melodien anlehnt oder bei Werbung mit Jingles (Aaker & Bruzzone, 1985). Galan (2009) konnte die Ergebnisse früherer Studien bestätigen, in denen empirisch nachgewiesen wurde, dass Musik, die als angenehm empfunden wird bzw. die den Musikpräferenzen der Rezipienten entspricht, die Einstellung zur Werbung und zur Marke als auch die Kaufabsicht verbessern kann.

Eine Studie von Park und Young (1986) hat gezeigt, dass bei der Verwendung von Musik in der Kommunikation kognitiv involvierte Testpersonen eine negativere Markeneinstellung und Verhaltensintentionen hatten als Personen, denen keine Musik dargeboten wurde. Bei geringem Involvement kehrt sich der Effekt um, d. h. die Informationsverarbeitung wird bei Vorhandensein von Musik unterstützt, Markeneinstellung und Verhaltensintentionen werden mit Musik positiver angegeben.

Flath (2012) hat eine experimentelle Untersuchung zum Einfluss von Klangqualitäten auf die Wahrnehmung des Images eines Produktes im Kontext von Fernsehwerbung durchgeführt. Die Ergebnisse dieses Experiments zeigen nicht nur, dass Klangqualitäten unter größtmöglichem Ausschluss von Zeichenhaftigkeit unmittelbar kommunizieren, sondern auch wie feine Unterschiede von Klangqualitäten im Kontext einer spezifisch multimedialen Darbietung im semantischen Raum differenzieren.

Roth (2005) konnte in ihrer Studie ermitteln, dass die Integration von Musik und Akustik in visuelle Szenen die Einstellung zur Marke und das innere Bild zur Marke fördert. Voraussetzung dazu ist jedoch, dass die visuellen und akustischen Reize zueinander passen. Es ist empirisch belegt, dass man beim Hören eines einprägsamen Jingles oder Liedes nochmals die bildlichen Szenen, die damit verknüpft sind, vor sein inneres Auge ruft und dadurch beim Hören bekannter Markenmusik eine Verstärkungswirkung erzielt wird. Dieser Effekt kann beispielsweise im Radio oder in Telefonschleifen verwendet werden.

Die Ergebnisse der Studie von Gorn (1982) zeigen, dass die Assoziation zwischen Produkt (konditionierter Stimulus) und Musik (unkonditionierter Stimulus) die Produktpräferenz beeinflussen kann. Weitere Studien haben herausgefunden, dass Musik am POS die Produktbeurteilung signifikant beeinflusst. Dies lässt sich auch auf die beworbene Marke und damit die Markenwahrnehmung und Markeneinstellung übertragen. Nach Chebat et al. (2001) muss Musik jedoch als passend zum POS wahrgenommen werden, um eine positive Einstellung gegenüber den POS zu besitzen.

Lavack et al. (2008) haben den Einfluss von „musical-fit" auf die Einstellung zur Radiowerbung und zur Marke untersucht. Die Ergebnisse zeigen, dass markenkongruente Musik sowohl die Einstellung zur Werbung als auch die Einstellung zur Marke positiver beeinflusst als Musik ohne Marken-Fit bzw. keine Musik. So korrelieren beispielsweise akustische Reize, die allein einer atmosphärischen Anreicherung der Werbung dienen, negativ mit einer positiven Einstellungsänderung.

Die Ergebnisse von Zander (2006) zeigen, dass selbst Musik, die zur Marke passt, durch unterschiedliche Variationen (u. a. Musikstil, Tempo, Rhythmus) den Eindruck der beworbenen Marke verändern kann. Moosmayer und Melan (2010) haben empirisch nachgewiesen, dass die positive Beziehung zwischen wahrgenommenen Marken-Fit und Einstellungen der Konsumenten für Sound Logos stärker ist als für Hintergrundmusik. Um eine positive Wirkung von Musik in der Werbung zu erzielen, sollte das Musikstück jedenfalls sorgfältig ausgewählt und getestet werden.

Zahlreiche Studien haben den Einfluss von Hintergrundmusik auf das Konsumentenverhalten am POS, insbesondere auf das Kaufverhalten untersucht. Die Ergebnisse zeigen, dass Musik von den Konsumenten oft nicht bewusst wahrgenommen wird und den Kunden unbewusst in eine angenehme Stimmung versetzen kann. Dabei ist zu berücksichtigen, dass eine bewusst als unangenehm erlebte Musik sich negativer auf die Beurteilung der Einkaufsstätte auswirkt als keine Musik. Wird Musik von den Konsumenten als unangenehm empfunden, so werten sie diese als einen Beeinflussungsversuch des Handelsunternehmens und reagieren mit typischem psychologischem Reaktanzverhalten (Kroeber-Riel et al., 2009). Wie die Ergebnisse der Studie von Smith und Curnow (1966) zeigen, reduziert laute Musik im Supermarkt die Verweildauer der Kunden. Nach Milliman (1982) beeinflusst das Tempo der Musik in einem Supermarkt nicht nur die Geschwindigkeit, mit der sich die Kunden bewegen, sondern auch die Höhe des Umsatzes. So hielten sich die Kunden bei langsamer Hintergrundmusik signifikant länger im Supermarkt auf und haben (deshalb) im Durchschnitt signifikant mehr Geld ausgegeben als jene Kunden, die schnelle Musik hörten.

Die Ergebnisse einer anderen empirischen Studie von Milliman (1986) zeigen, dass das Tempo der Hintergrundmusik in Restaurants einen signifikanten Einfluss auf die Dauer des Einnehmens der Mahlzeit hat. So haben jene Personen, die langsame Musik im Hintergrund hörten, signifikant länger gebraucht, um ihr Essen zu beenden und das Lokal zu verlassen, als Personen, die der schnellen Musik ausgesetzt waren. Caldwell und Hibbert (1999) konnten empirisch nachweisen, dass das Tempo der Hintergrundmusik im Restaurant nicht nur Einfluss auf die tatsächliche und wahrgenommene Verweildauer der Gäste hat, sondern auch auf die Höhe der Ausgaben. Kellaris und Kent (1991) haben einen wechselwirkenden Einfluss von Tempo und Tonalität der Musik auf die Verhaltensabsicht der Rezipienten festgestellt.

Die Ergebnisse der Studie von Wilson (2003) zeigen, dass der Musikstil (Jazz, Pop, Easy Listening, Klassik) nicht nur einen Einfluss auf die wahrgenommene Atmosphäre der Umgebung hat, sondern auch auf die Höhe der Ausgaben der Gäste. So konnten North und Hargreaves (1998) nachweisen, dass Pop- und klassische Musik einen größeren positiven Einfluss auf die Kaufabsicht haben als Easy Listening- oder keine Musik. Nach Kellaris und Kent (1994) bereitet schnelleres Tempo bei klassischer Musik signifikant mehr Freude, bei Pop-Musik hingegen mehr Erregung („arousal").

Herrington und Capella (1996) haben einen Einfluss der Präferenz für gespielte Hintergrundmusik während des Einkaufens auf das

Kaufverhalten festgestellt. So haben sich bei Probanden, denen die Hintergrundmusik gefiel, sowohl die Dauer des Einkaufens als auch die Ausgaben erhöht.

North und Hargreaves (1996) haben herausgefunden, dass eine positive Korrelation besteht zwischen dem Gefallen der Musik und dem Gefallen der Atmosphäre am POS, als auch der Wiederbesuchsabsicht des POS.

Alpert et al. (2005) haben in ihrer Studie herausgefunden, dass sich die Kaufwahrscheinlichkeit erhöhen lässt, wenn Musik Emotionen hervorruft, die mit dem Symbolgehalt des Produktkaufes übereinstimmen. Wie die Ergebnisse der Studie von North et al. (1999) zeigen, beeinflusst Musik mit starker nationaler Assoziation die Produktwahl. So wurden in einem Supermarkt bei französischer Musik signifikant mehr französische Weine als deutsche Weine und umgekehrt gekauft.

Nach Lantos und Craton (2012) beeinflusst das Zusammenspiel der folgenden vier Variablen das Verhalten der Rezipienten bei akustischen Stimuli in der Kommunikation: „the listening situation", „the musical stimulus", „listener characteristics" und „the listener's advertising processing strategy".

Im Rahmen von Sound Marketing gewinnt das noch junge Forschungsfeld „Sound Symbolism" zunehmend an Bedeutung. Darunter versteht man „the direct linkage between sound and meaning" (Hinton et al., 1994). Mehrere Studien haben empirisch nachgewiesen, dass in bestimmten Sprachen Töne systematisch in einer Art „Sound Symbolism" genutzt werden. So werden hohe Töne in Wörtern überwiegend mit „klein", „nahe" oder „eng" assoziiert, tiefe Töne hingegen werden mit der Vorstellung „groß" in Verbindung gebracht.

Zahlreiche Studien haben die Wirkung des Markennamens auf Konsumenten untersucht. So konnte empirisch nachgewiesen werden, dass die Buchstabenform („letter shape") die Wahrnehmung der Marke beeinflusst (Doyle & Bottomley, 2011). Zudem werden Markennamen, die phonetische Klangwiederholungen beinhalten (z. B. Coca-Cola), positiver bewertet (Argo et al., 2010). Die Phoneme eines Markennamens können auch Auswirkungen auf die Produktevaluation haben. So sind Markennamen, die produktbezogene Informationen vermitteln, beliebter und einprägsamer (Klink, 2001). Zudem kann die Produkterfahrung verbessert werden, sofern der Klangsymbolismus des Markennamens die produktbezogenen sensorischen Erwartungen (über)trifft (Spence, 2012).

4.2.3 Der Einfluss der Haptik auf die Markenwahrnehmung

Die Haptik wird im Bereich der multisensorischen Markenführung immer wichtiger. [...] Unternehmen entdecken zunehmend den Nutzen der Haptik. Produkte, die sich besser anfühlen als die der Konkurrenz, verkaufen sich auch besser. Früher hat man sich bei der Produktgestaltung bis in die Achtzigerjahre des 20. Jahrhunderts fast ausschließlich an visuellen Effekten orientiert.

Den Tastsinn hat man in der Industrie bis vor wenigen Jahren völlig unterschätzt. Autohersteller entdeckten den Tastsinn als neuen Wahrnehmungskanal Anfang der 90er-Jahre als einer der ersten. Das Haptik-Design ist jedoch längst kein Privileg mehr allein der Automobilwirtschaft. In den folgenden Industriebereichen gehört Haptikforschung heute zum Standard der Forschungs- und Entwicklungsabteilungen: Nahrungsmittel-, Papier-, Textil-, Kosmetik-, Kommunikations-, Verpackungs-, Flugzeug-, Automobil- und Militärindustrie.

Die Haptik kann wesentlich zur Differenzierung und Vertiefung von Markeneindrücken beitragen. So nehmen haptische Eindrücke beispielsweise bei Apple-Produkten eine bedeutsame Stellung im Rahmen der Erlebniswirkung ein. Coca-Cola hingegen hat im Verlauf der letzten 20 Jahre mit dem geglätteten Verpackungsdesign und dem Einführen der PET-Flasche und der Einheitsdose an „haptischer Präsenz" und damit deutlich an Differenzierungskraft verloren. Meyer (2001) konnte in experimentellen Studien den Einfluss haptischer Reize auf die emotionale Profilierung von Produkten nachweisen. Dabei bestimmen besonders Textur, Konsistenz, also Rauigkeit und Härte des Materials, sowie die Form, die emotionalen Eindrücke zum Produkt.

Für Marken wie Apple, Singapore Airlines, Bang & Olufsen oder Porsche Design sind haptische Eindrücke ein fundamentaler Baustein der Markenprofilierung und Markendifferenzierung. Im Prinzip ist es das Ziel, sogenannte haptische Marken zu entwickeln, an die sich der Kunde ebenso erinnert wie an das Logo eines Produktes. [...] Um eine wirkungsvolle und starke haptische Marke zu entwickeln, muss diese Zielvariable mit denen der anderen Sinne korrespondieren.

Für Grunwald ist die multisensorische Markenführung das Erfolgskonzept in einer überkommunizierten Gesellschaft: In der heutigen Zeit ist es notwendig, an den Kunden multisensorisch heranzugehen. Wenn man Marken nicht spürbar werden lässt, dann schwinden die Chancen, eine Marke erfolgreich zu etablieren. Wenn man Produkte hat, die potenziell mit dem Körper der Kunden in Interaktion treten, dann kann man eine multisensorische Ansprache nicht mehr vernachlässigen. Die Ansätze der Marken werden stets komplexer, einfach gestrickte Muster haben ausgedient.

Wie eine Studie von Kiefer et al. (2007) zum haptischen Sinn gezeigt hat, ist bei haptisch Lernenden der vordere Gehirnbereich, der für Bewegungsverarbeitung und Planung zuständig ist, stärker als bei anderen Lernenden aktiviert. Die Aufgabe der Testteilnehmer bestand darin, 64 unbekannte Objekte mit Namen wie „nolo" und „ured" auswendig zu lernen. Dies wurde auf zwei verschiedene Arten untersucht. Während die eine Gruppe Anschauungsmaterial und den Rat bekam, auf spezielle Eigenheiten der fremden Dinge mit der Hand zu zeigen, z. B. auf Henkel, Spitzen oder Ausbuchtungen, lernte die andere Gruppe zu jedem Objekt eine spezifische, passende Handbewegung. Die Probanden, die mit Bewegung gelernt hatten, waren beim Nachdenken signifikant schneller. Der Effekt betrug bis zu „einer guten Sekunde". Für Psychologen – laut Spitzer – „eine Ewigkeit". Wer sich die Welt auch mit der Hand aneignet, denkt hinterher tiefer, schneller, besser.

Grunwald hat im Verlauf seiner Untersuchungen zudem festgestellt, dass der Tastsinn nicht kontinuierlich arbeitet, sondern Pausen im Millisekundenbereich einlegt, als müsste das Gehirn Informationen gelegentlich zwischenspeichern. Es setzt sich immer mehr der Gedanke von haptischen Marken durch. Es ist bewiesen, dass Dinge besser erinnert werden, wenn sie eine markante Haptik aufweisen. Ein Beispiel für gelungene Haptik im Verpackungsbereich ist die kleine Underberg-Flasche. Die Verpackung ist hervorragend konzipiert und die Marke ist multisensorisch kohärent.

4.2.4 Der Einfluss der Gustatorik auf die Markenwahrnehmung

Geschmackliche Reize beschränken sich meist auf Speisen und Getränke und unterstützen die klare Identifikation einer Marke sowie das Herausstellen besonderer Eigenschaften des Angebotes (z. B. Schärfe von Tabasco). Aber auch ein im Verkaufsraum angebotener Kaffee prägt den Eindruck und das Markenerlebnis. Geschmackswirkungen sind allerdings nicht leicht zu operationalisieren, denn Kunden sind oft nicht in der Lage, ihre Vorlieben hinreichend genau zu beschreiben. Daher bedient man sich häufig eines Sensorik-Panels, um die geschmacklichen Eindrücke von Lebensmitteln und Getränken zu erfassen.

Der gustatorische Reiz wirkt oft im Zusammenspiel mit anderen Reizen, beispielsweise der Farbwahrnehmung, der Akustik und vor allem dem olfaktorischen Sinn. Grundsätzlich gilt, dass Konsumenten einen bestimmten Geschmack (und Geruch) mit einer spezifischen Farbe verbinden. Wie zahlreiche Studien gezeigt haben, steigt die Intensität des Geschmacks (bzw. Geruchs) mit der Farbintensität. Aber auch die Textur, Temperatur und Klang nehmen Einfluss auf unsere Wahrnehmung.

Langnese hat 2005 in limitierter Auflage eine eigene Eis-Serie „Magnum 5 Sinne" vermarktet. Während die Serie beispielsweise das Auge durch den Kontrast von Erdbeereis und weißer Schokolade reizen sollte, stand bei der Variante Sound das Knackgeräusch im Mittelpunkt, das sich durch den Biss in eine Hülle aus karamellisierten Zuckerstückchen ergab.

4.3 Erfolgsfaktoren für olfaktorische Markenführung

Das olfaktorische Potenzial kann sich vor allem im Zusammenspiel mit weiteren Sinnesreizen gut entfalten, da multisensorische Marken als einzigartiger wahrgenommen, besser erinnert und dauerhaft präferiert werden (Springer, 2008). Jedenfalls müssen die Reize zueinander passen und ihre gegenseitige Wechselwirkung ist zu prüfen. Über die modalen

Wechselwirkungen zwischen Duft, Farben, Musik, Haptik, Bildern und Beschreibungen existieren bereits diverse Studien (Hehn, 2021).

Im Duftmarketing liegt eine der größten Herausforderungen in der Duftauswahl. Duft-Präferenzen sind extrem subjektiv und die Zahl verfügbarer Düfte ist astronomisch groß. Im Zuge einer Untersuchung hat man herausgefunden, dass sich ein emotionales Erlebnis nur bei jenen Düften einstellt, die bekannt sind, d. h. bei Düften, die bereits im Gehirn gespeichert sind. Für den Handel bedeutet dies, dass zu Gunsten von allgemein bekannten Düften auf den Einsatz von künstlichen, neuen Düften verzichtet werden sollte. Während Menschen in der Lage sind, Alltagsgegenstände mit verbundenen Augen innerhalb von zwei Sekunden mit nahezu hundertprozentiger Sicherheit tastend wieder zu erkennen, gelingt diese hohe Trefferquote beim Wiedererkennen von Düften nicht. Hier liegt die Wiedererkennungsleistung bekannter Düfte bei lediglich 40 bis 50 %.

Jedenfalls sollte der Duft kongruent sein: Kokosnussduft im Winter verkauft keine Weihnachtsgeschenke im Einzelhandel, aber er verkauft den Sommerurlaub im Reisebüro. Letztlich gilt es die Verwendung von Duft z. B. am Point of Sale konsequent durchzusetzen. Der Mangel an Erfolgskontrolle durch Vorher-Während-Nachher Untersuchungen und die Bereitschaft Duft-Marketing vorschnell als nicht effektiv zu definieren sind ebenfalls Fehler, die von vielen Unternehmen begangen werden.

Im Rahmen von Events können Düfte gezielt in multisensorische Inszenierungen aus Materialien, Farben, Bildern, Geräuschen, Bodenbelägen und Projektionen eingebunden werden. Dadurch kann der Erlebniswert eines Events gesteigert werden. Ein multisensorisches Branding kann zu nachhaltigen Markenerlebnissen und langanhaltenden positiven Markenerinnerungen führen (Kilian, 2018).

Um eine olfaktorische Markenführung erfolgreich zu implementieren, bedarf es einer entsprechenden Markenpositionierung, der eine eigens für die Marke entwickelte Markenidentität samt Markenkern zu Grund liegt. In weiterer Folge gilt es, die Markenpositionierung in ein zentrales Markengefühl zu übersetzen. Dabei stellt man sich die zentrale Frage: Welche Emotionen bzw. welche Gefühle sollen mit dieser Positionierung geweckt werden? Die olfaktorische Markenführung hat nun die Aufgabe, dieses zentrale Markengefühl auf alle Brand Touch Points mittels Duft zu übersetzen.

Echtes olfaktorisches Branding führt zu den nachhaltigsten Erlebnissen und zu langanhaltenden, positiven Markenerinnerungen. Im Vergleich zu den anderen Sinnen sind Düfte in der Lage, besonders emotionale autobiografische Erinnerungen zu wecken. Evolutionsbiologisch gesehen sind sie stark mit affektiven Hirnarealen verbunden und somit eng mit unserem Bewertungssystem assoziiert (Herz, 2009). Zahlreiche Studien (Hehn, 2007; Herz, 2010) konnten darlegen, dass mittels einer hohen Duftakzeptanz Emotionen und Stimmung positiv beeinflusst werden können. Emotionen werden jedoch von Düften nicht per se ausgelöst, sondern erst, nachdem sie in einem emotionalen Kontext gelernt wurden. Beinahe alle Reaktionen auf Düfte sind assoziativ erlernt, sodass das Gefallen eines Duftes auf den mit ihm verknüpften (positiven oder negativen) Assoziationen und früheren Erlebnissen basiert. Demnach können Duftbeurteilungen und -assoziationen in Abhängigkeit der individuellen und kulturellen Biografie sehr unterschiedlich sein. So haben bestimmte Düfte eine kulturspezifische Bedeutung, was insbesondere bei international ausgerichteten Events zu berücksichtigen ist (Hehn, 2021).

Um Duftmarketing erfolgreich umsetzen zu können, gilt es auch die geschlechts- und altersabhängige Wahrnehmung von Düften zu berücksichtigen. So haben Frauen nach der Pubertät eine geringere Wahrnehmungsschwelle, identifizieren Düfte besser und erleben Düfte auch intensiver. Im hohen Alter nimmt die Fähigkeit ab, Düfte zu erkennen, zu benennen und zu unterscheiden (Hehn, 2021).

Es ist unerlässlich, bei der Duftauswahl sich nicht von eigenen Präferenzen leiten zu lassen, sondern auf die Expertise von Experten zurückzugreifen. Duftexperten geben Empfehlungen ab, die in der Regel auf einem Duftbriefing basieren. Typische Fragen sind beispielsweise „Welche Zielgruppe wird adressiert?", „Welche visuellen Eindrücke gibt es vor Ort?" oder „Welche Informationen möchte man mit dem Duft vermitteln?". Entweder Experten empfehlen Düfte aufgrund ihrer Erfahrung oder lassen Düfte von Parfümeuren eigens entwickeln.

Mögliche technische Einschränkungen ergeben sich aus der Anzahl der gleichzeitig erreichbaren Rezipienten. Elektronische Massenmedien sind mangels geeigneter Hardware für das Duftmarketing im Wesentlichen ungeeignet. Die meisten Möglichkeiten der olfaktorischen Markenkommunikation erreichen eine eher kleine Anzahl an Adressaten, wie es bei der Duftabgabe auf Events der Fall ist (Hehn, 2021).

4.4   Risiken der olfaktorischen Markenführung

Im Rahmen der olfaktorischen bzw. multisensorischen Markenführung ist beim Einsatz von Duft darauf zu achten, dass der Markenduft durch die unbewusste Aktivierung des Konsumenten die Aufmerksamkeit auf die Marke lenkt, denn die Duftwahrnehmung kann insbesondere von visuellen oder verbalen Reizen beeinflusst werden. Das Erfolgspotenzial liegt im Einsatz eines Markenduftes, der aus dem Verwendungszusammenhang der Markenprodukte bereits bekannt und daher markenaffin ist. Er sollte von möglichst vielen Konsumenten aus der Zielgruppe als angenehm empfunden werden, mit wenig negativen Assoziationen behaftet sein und autobiografische Erinnerungen an zurückliegende emotionale Ereignisse wecken. Wird der Duft mit emotionalen Markenerlebnissen assoziiert, dient er als wirksamer Gedächtnisanker, der diese positiven Markenerlebnisse auch nach längerer Zeit wieder in Erinnerung rufen kann (Hehn, 2006). Jedenfalls sollten Momente vermieden werden, in denen die Zielgruppe verschiedenen Düften gleichzeitig ausgesetzt sind. Denn die Wahrnehmung des einen Duftes kann die gleichzeitige Wahrnehmung eines anderen beeinflussen (Hehn, 2021).

Beim Duftmarketing gilt es, wie mit anderen Maßnahmen (visuelle Stimulation, Beschallung) auch, mit Duft vorsichtig und maßvoll umzugehen, denn eine „Überbeduftung" hat negative Konsequenzen. Duftmarketing ist ein gefährliches Feld. Man muss aufpassen, dass man den Geruch nicht überdosiert, sodass er penetrant wirkt. Auch auf irritierende Bildsprache und unangemessene laute Musik muss geachtet werden.

Da durch die Marketingaktivitäten im Allgemeinen mehrere Sinne gleichzeitig angesprochen werden, ist es wichtig, das Zusammenwirken von mehreren Reizmodalitäten zu beachten. Durch unzureichende

Abstimmung der zur Beeinflussung eingesetzten Reize, vor allem aber durch die Vernachlässigung vieler Reizmodalitäten im Marketing kommen erhebliche Wirkungsverluste zustande.

Bislang scheitert die einheitliche und auf der Markenstrategie basierende Umsetzung der Marke in alle Sinneskanäle häufig an fehlenden bzw. mangelhaften Briefing-Tools und unsystematischen Prozessen. Die Marken-Manager der Unternehmen managen oft die Sinne einzeln: es gibt eine Abteilung für Sound, eine für Duft und einen verantwortlichen Bereich für die visuelle Kommunikation. Zu oft weiß aber einer nichts vom anderen.

Die ersten Ursachen liegen bereits im Fehlen von relevanten und differenzierenden Markenwerten. Dann folgen die Fehler in der inkongruenten Entwicklung einer Marke. Hinzu kommen dann teilweise Entscheidungen auf Basis des persönlichen Geschmacks. Ohne eine konkrete, ursächliche, relevante und spezifische Markenidentität, die aus einem Markenkern und mehreren Markenwerten besteht, ist multisensorische bzw. olfaktorische Markenkommunikation von vorne herein zum Scheitern verurteilt.

Zur Erleichterung der Verarbeitung von multisensorischen Reizen sollten diese aufeinander abgestimmt sein. Um die erzeugten Kommunikationseindrücke zu vereinheitlichen und zu verstärken, gilt es sowohl eine inhaltliche als auch eine formale Abstimmung aller Kommunikationsmaßnahmen zu verfolgen. Ziel ist es, dass die Konsumenten die durch die Kommunikation vermittelten unterschiedlichen Sinneseindrücke als einheitliches Bild wahrnehmen.

Sind die Reize nicht abgestimmt (inkongruent), kann es einerseits zu einer Verarbeitungskonkurrenz zwischen den verschiedenen Sinneskanälen kommen oder eine negative Wahrnehmung von Markenerlebnissen ist die Folge. Inkonsistente Sinneseindrücke verursachen diffuse und zersplitterte Eindrücke beim Konsumenten und hinterlassen ein unklares Markenbild. In einem solchen Fall ringen mehrere unterschiedliche Reize um die Aufmerksamkeitsgunst bei der Verarbeitung und es folgt eine gegenseitige Schwächung, während bei aufeinander abgestimmten Reizen mit einer Verstärkung zu rechnen ist. Wirken die sensorischen Signale durch ihre Intensität zu aufdringlich, so können sie den Konsumenten abschrecken und folglich vom Kauf abhalten. Im Handel führt die multisensorische bzw. olfaktorische Ansprache idealerweise zur Emotionssteigerung. Es soll damit gute Stimmung beim Kunden erzeugt werden, sodass sich auch dessen Kauflaune steigert. Die multisensorischen Botschaften dürfen jedoch nicht das Warenangebot überstrahlen. Grundsätzlich gilt: Je konformer die Reize gestaltet sind, umso stärker ist die Wirkung.

Generell liegt das Risiko in der Reizstärke bzw. im Umfang der Dosierung einzelner Instrumente wie Düfte, Farben oder Musik. In hektischen Zeiten können angenehme Düfte, die passende Musik und eine entspannende Farbgestaltung beruhigende Wirkung auf die Konsumenten haben. Bei allen Vorteilen von Emotionen und Erlebnissen ist eine „Emotionalisierung um jeden Preis" zu vermeiden, sondern auf einen optimalen Mix aus emotionalen und informativen Argumenten zu achten. Wichtig ist auch, dass Sinnesreize und Unternehmenskonzept zusammenpassen.

Zur systematischen Gestaltung olfaktorische Erlebnisse sind folgende Kriterien von Bedeutung:

Da olfaktorische Reize vielfältig zum Einsatz kommen können, sind markenbezogene Touch Points im gesamten Kaufzyklus zu analysieren. Bestimmte Duftreize sind je nach Kundenkontaktpunkt unterschiedlich bedeutsam.

Aufbauend auf der Markenidentität und Markenpositionierung sind relevante Erlebnistreiber für die Entwicklung olfaktorischer Reize abzuleiten und zu bestimmen. Diese sind mit Markenzeichen zu verknüpfen.

Modalitätsspezifische Optionen sind zu entwickeln und zu prüfen, wobei die Passung der modalitätsspezifischen Reize zu den vermittelten Markeninhalten als auch die Akzeptanz einzelner Reize beim Kunden zu prüfen ist. So kann es durchaus sein, dass ein Geruch die Positionierung vermittelt (z. B. Tannenduft = natürlich), aber dennoch keine Akzeptanz bei der Zielgruppe erzielt.

An den Touch Points ist die Umsetzung in erlebbare Maßnahmen zu realisieren. Regelmäßige modalspezifische Effektivitäts- und Effizienzkontrollen sind durchzuführen. Olfaktorische Reize müssen hinsichtlich ihrer Reichweite, Wahrnehmung und der geeigneten Kommunikationsform geprüft werden.

Die olfaktorische Beeinflussung des Konsumenten innerhalb von Räumlichkeiten über die fünf Sinne wird zukünftig durch die technische Entwicklung multisensorischer Beeinflussungstechniken an Bedeutung zunehmen. Auf Erregung bezogene Studien zum Verbraucherverhalten haben jedoch auch gezeigt, dass ein Übermaß an sensorischem Ausdruck vermieden werden sollte. Das Idealniveau von Stimulation und Erregung variiert von Mensch zu Mensch. Während unterhalb des Punktes der optimalen Erregung Langeweile einsetzt, kann es zur Nervosität, Gereiztheit bzw. Verärgerung kommen, wenn die optimale Stimulation überschritten wird.

Die Herausforderung in der Implementierung ist, den richtigen Touch Point zur Zielgruppe mit dem jeweils dafür geeigneten sensorischen Medium zu belegen. Die meisten Ansätze im multisensorischen Marketing sind jedoch nur Insellösungen und keine ganzheitlichen und integrierten Konzepte. Multisensorisches Branding ist keine Frage der Unternehmensgröße, sondern eine Frage der Markenvision der Unternehmensleitung, verbunden mit dem Verständnis um die Vorteile einer multisensorischen Ausrichtung. Ob eine sensorische Komplettausrichtung einer Marke notwendig und machbar ist, ist für jedes Unternehmen im Einzelfall zu analysieren und zu entscheiden.

Ihr Transfer in die Praxis

- Welche sensorischen bzw. olfaktorischen Berührungspunkte gibt es zu ihrer Zielgruppe?
- Welche Gestaltungsmittel nutzen Sie in der Kommunikation für die gezielte Sinnesansprache?
- Wie viele Sinne sprechen Sie in der Kommunikation bzw. in Ihrem Verkaufsraum beim Kunden/Interessenten an?

Literatur

Aaker, D. A., & Bruzzone, D. E. (1985). Causes of irritation in advertising. *Journal of Marketing, 49*, 47–57.

Allan, D. (2006). Effects of popular music in advertising on attention and memory. *Journal of Advertising Research*, 434–444.

Alpert, J. I., & Alpert, M. I. (1991). Contributions from a musical perspective on advertising and consumer behavior. *Advances in Consumer Research, 18,* 232–238.

Alpert, C. T., & Alpert, M. I. (1988). Background music as an influence in consumer mood and advertising responses. *Advances in Consumer Research, 16,* 485–491.

Alpert, M. I., Alpert, J. I., & Maltz, E. N. (2005). Purchase occasion influence on the role of music in advertising. *Journal of Business Research, 58,* 369–376.

Areni, C. S., & Kim, D. (1993). The influence of background music on shopping behavior: Classical versus top-forty music in a wine-store. In L. McAlister & M. L. Rothschild (Hrsg.), *Advances in consumer research* (20, S. 336–340).

Argo, J. J., Popa, M., & Smith, M. C. (2010). The sound of brands. *Journal of Marketing, 74,* 97–109.

Biehal, G., Stephens, D., & Curlo, E. (1992). Attitude toward the ad and brand choice. *J Advertising, 21*(3), 19–36.

Bruner, G. C. (1990). Music, mood and marketing. *Journal of Marketing, 54*(4), 94–104.

Caldwell, C., & Hibbert, S. A. (1999). Play that one again: The effect of music tempo on consumer behaviour in a restaurant. *European Advances in Consumer Research, 4,* 58–62.

Chebat, J., Chebat, C. G., & Vaillant, D. (2001). Environmental background music and in-store selling. *Journal of Business Research, 54,* 115–123.

Craton, L. G., & Lantos, G. P. (2011). Attitude toward the advertising music: An overlooked potential pitfall in commercials. *Journal of Consumer Marketing, 28*(6), 396–411.

Doyle, J. R., & Bottomley, P. A. (2011). Mixed messages in brand names: Separating the impacts of letter shape from sound symbolism. *Psychology and Marketing, 28*(7), 749–762.

Flath, B. (2012). *Sound und Image. Eine experimentelle Untersuchung zum Einfluss von Klangqualitäten auf die Wahrnehmung eines Produktimages im Kontext von Fernsehwerbung.* Epos.

Föll, K. (2007). *Consumer Insight. Emotionspsychologische Fundierung und praktische Anleitung zur Kommunikationsentwicklung.* DUV.

Fösken, S. (2006). Im Reich der Sinne. *Absatzwirtschaft, 03.*

Galan, J.-P. (2009). Music and responses to advertising: The effects of musical characteristics, likeability and congruency. *Rech et Appl en Mark, 24*(4), 3–22.

Gorn, G. J. (1982). The effects of music in advertising on choice behaviour: A classical conditioning approach. *Journal of Marketing, 46*(1), 94–101.

Hehn, P. (2006). *Emotionale Markenführung mit Duft: Duftwirkungen auf die Wahrnehmung und Beurteilung von Marken.* Forschungsforum.

Hehn, P. (2007). *Emotionale Markenführung mit Duft. Duftwirkungen auf die Wahrnehmung und Beurteilung von Marken.* ForschungsForum.

Hehn, P. (2021). Olfaktorische Kommunikation bei Events. In S. Ronft (Hrsg.), *Eventpsychologie: Veranstaltungen wirksam optimieren: Grundlagen, Konzepte, Praxisbeispiele.* Springer Gabler.

Hehn, P., Lutsch, D., & Pessel, F. (2019). Inducing context with immersive technologies in sensory consumer testing. In H. Meiselman (Hrsg.), *Context. The effects of environment on product design and evaluation* (S. 475–500). Elsevier Woodhead Publishing.

Henseler, J. (2005). *Basisdüfte und Lebensstile.* Eul.

Herrington, J. D., & Capella, L. M. (1996). Effects of music in service environments – A field study. *Journal of Services Marketing, 10*(2), 26–41.

Herz, R. S. (2009). *Weil ich dich riechen kann. Der fünfte Sinn und sein Geheimnis.* Herbig.

Herz, R. S. (2010). The emotional, cognitive, and biological basics of olfaction. Implications and considerations for scent marketing. In A. Krishna (Hrsg.), *Sensory marketing* (S. 87–106). Routledge.

Hinton, L., Nichols, J., & Ohala, J. (1994). Introduction: Sound-symbolic processes. In L. Hinton, J. Nichols, & J. Ohala (Hrsg.), *Sound symbolism* (S. 1–12). University Press.

Hui, M. K., Dube, L., & Chebat, J.-C. (1997). The impact of music on consumers' reactions to waiting for services. *Journal of Retailing, 73*(1), 87–104.

Kellaris, J. J., & Kent, R. J. (1991). Exploring tempo and modality effects, on consumer responses to music. *Advances in Consumer Research, 18*, 243–248.

Kellaris, J. J., & Kent, R. J. (1994). An exploratory investigation of responses elicited by music varying in tempo, tonality, and texture. *J Cons Psychol, 2*(4), 381–401.

Kellaris, J. J., & Mantel, S. P. (1996). Shaping time perceptions with background music: The effect of congruity and arousal on estimates of ad durations. *Psychology and Marketing, 13*(5), 501–515.

Kellaris, J. J., & Rice, R. C. (1993). The influence of tempo, loudness, and gender of listener on responses to music. *Psychology and Marketing, 10*(1), 15–29.

Kellaris, J. J., Cox, A. D., & Cox, D. (1993). The effect of background music on ad processing: A contingency explanation. *Journal of Marketing, 57*(4), 114–125.

Kiefer, M., Sim, E. J., Liebich, S., Hauk, O., & Tanaka, J. (2007). Experience-dependent plasticity of conceptual representations in human sensory-motor areas. *Journal of Cognitive Neuroscience, 19*(3), 525–542.

Kilian, K. (2018). Multisensualität in der Kommunikation wirkungsvoll gestalten. In T. Langner, F.-R. Esch, & M. Bruhn (Hrsg.), *Handbuch Techniken der Kommunikation* (2. Aufl., S. 119–139). Springer Gabler.

Klink, R. R. (2001). Creating meaningful new brand names: A study of semantics and sound symbolism. *Journal of Marketing Theory and Practice, 9*(2), 27–34.

Kroeber-Riel, W., Weinberg, P., & Gröppel-Klein, A. (2009). *Konsumentenverhalten* (9. Aufl.). Vahlen.

Langeslag, P., Schwieger, J., & Sinn, M. (2013). The influence of sound design in videogames on brand awareness: An acoustic branding study for MLP and the audio consulting group. In K. Bronner, R. Hirt, C. Ringe (Hrsg.), *Audio branding academy yearbook.* (S. 199–208). Nomos.

Lantos, G. P., & Craton, L. G. (2012). A model of consumer response to advertising music. *Journal of Consumer Marketing, 29*(1), 22–42.

Lavack, A. M., Thakor, M. V., & Bottausci, I. (2008). Music-brand congruency in high- and low-cognition radio advertising. *International Journal of Advertising, 27*(4), 549–568.

Lindstrom, M. (2005). *Brand sense – Build powerful brands through touch, taste, smell, sight and sound.* Free Press.

MacKenzie, S. B., Lutz, R. J., & Belch, G. (1986). The role of attitude toward the ad as a mediator of advertising effectiveness: A test of competing explanations. *Journal of Marketing Research, 23*(2), 130–143.

Milliman, R. E. (1982). Using background music to affect the behavior of supermarket shoppers. *Journal of Marketing, 46*(3), 86–91.

Milliman, R. E. (1986). The influence of background music on the behavior of restaurant patrons. *Journal of Consumer Research, 13*(2), 286–289.

Mitchell, V. W., Walsh, G., & Yamin, M. (2005). Towards a conceptual model of consumer confusion. *Advances in Consumer Research, 32*, 143–150.

Moosmayer, D. C., & Melan, M. (2010). *The impact of sound logos on consumer brand evaluation*. Working Paper, University of Nottingham Business School China.

Moreno, R., & Mayer, R. E. (1999). Cognitive principles of multimed ia learning: The role of modality and contiguity. *Journal of Educational Psychology, 91*(2), 358–368.

Meyer, S. (2001). *Produkthaptik: Messung, Gestaltung und Wirkung aus verhaltenswissenschaftlicher Sicht*, Wiesbaden: Gabler.

North, A. C., & Hargreaves, D. J. (1996). The effects of music on responses to a dining area. *Journal of Environmental Psychology, 16*, 55–64 (zit. 1996)

North, A. C., & Hargreaves, D. J. (1998). The effect of music on atmosphere and purchase intentions in a cafeteria. *Journal of Applied Psychology, 28*(4), 2254–2273.

North, A. C., & Hargreaves, D. J. (2008). *The social and applied psychology of music*. Oxford University Press.

North, A. C., Hargreaves, D. J., & McKendrick, J. (1999). The influence of in-store music on wine selections. *Journal of Applied Psychology, 84*(2), 271–276.

Park, C. W., & Young, S. M. (1986). Consumer response to television commercials: The impact of involvement and background music on brand attitude formation. *Journal of Marketing Research, 23*(February), 11–24.

Pechmann, J., & Brekenfeld, A. (2007). 5-Sense-Branding – Multisensorische Markenführung: Eine explorative Grundlagenstudie mit Empfehlungen für die Praxis, durchgeführt von MetaDesign und diffferent.

Peevers, G., McInnes, F., Morton, H., Matthews, A., & Jack, M. A. (2009). The mediating effects of brand music and waiting time updates on customers' satisfaction with a telephone service when put on-hold. *International Journal of Bank Marketing, 27*(3), 202–217.

Rempel, J. E. (2006). *Olfaktorische Reize in der Markenkommunikation, Theoretische Grundlagen und empirische Erkenntnisse zum Einsatz von Düften*. Gabler.

Rigg, M. G. (1940). Speed as a determiner of musical mood. *Journal of Experimental Psychology, 27*, 566–571.

Roth, S. (2005). *Akustische Reize als Instrument der Markenkommunikation*. Gabler.

Royet, J., Zald, D., Versace, R., Costes, N., Lavenne, F., König, O., & Gervais, R. (2000). Emotional responses to pleasant and unpleasant olfactory, visual and auditory stimuli; a positron emission tomography study. *Journal of Neurosciences, 20*, 7752–7759.

Salzmann, R. (2007). *Multimodale Erlebnisvermittlung am Point of Sale: Eine verhaltens-wissenschaftliche Analyse unter besonderer Berücksichtigung der Wirkungen von Musik und Duft*. Gabler.

Schramm, H./Kopiez, R. (2011). Die alltägliche Nutzung von Musik, in: Bruhn, H./Kopiez, R./Lehmann, A.C. (Hrsg.), *Musikpsychologie. Das neue Handbuch*, 3. Aufl. (S. 253–265). Reinbek bei Hamburg: Rowohlt.

Sharma, A., & Stafford, T. F. (2000). The effect of retail atmospherics on customer's perceptions of salespeople and customer persuasion: An empirical investigation. *Journal of Business Research, 49*(2), 183–191.

Shen, Y.-C., & Chen, T.-C. (2006). When east meets west: The effect of cultural tone congruity in ad music and message on consumer ad memory and attitude. *International Journal of Advertising, 25*(1), 51–70.

Smith, P., & Curnow, R. (1966). Arousal hypothesis and the effects of music on purchasing behavior. *Journal of Applied Psychology, 50*(3), 255–256.

Spence, C. (2012). Managing sensory expectations concerning products and brands: Capitalizing on the potential of sound and shape symbolism. *Journal of Consumer Psychology, 22*(1), 37–54.

Springer, C. (2008). *Multisensuale Markenführung: Eine Analyse unter besonderer Berücksichtigung von Brand Lands in der Automobilwirtschaft*. Gabler.

Wilson, S. (2003). The effect of music on perceived atmosphere and purchase intentions in a restaurant. *Psychology of Music, 31*(1), 93–112.

Zander, M. F. (2006). Musical influences in advertising: How music modifies first impressions of product endorsers and brands. *Psychology of Music, 34*(4), 465–480.

5

Praxisbeispiele olfaktorischer Marken

Was Sie aus diesem Kapitel mitnehmen

- Welche Gestaltungsmittel bekannte Marken nutzen, um ihre Kunden erfolgreich multisensorisch bzw. olfaktorisch anzusprechen.
- Die unterschiedlichen Ausprägungen des multisensorischen Profils von Singapore Airlines.
- Die unterschiedlichen Ausprägungen des multisensorischen Profils von MINI.

Marken werden in der Markenkommunikation oftmals nur mit der Ansprache von ein oder zwei Sinnen kommuniziert. Unternehmen, die ihre Marken mit der gezielten Ansprache von mehreren Sinnen, insbesondere mit Duft, den Kunden näherbringen, sind in der Minderheit. Markenplattformen wie Markenerlebniswelten, Museen, Roadshows etc. stellen dabei ein nützliches Marketinginstrument dar, um den Konsumenten ein größeres Spektrum an multisensorischer bzw. olfaktorischer Gestaltung bieten zu können. Immer mehr Markenhersteller suchen den unmittelbaren Kontakt zu ihren Kunden und wollen ihnen am Point of Sale (POS) olfaktorische Markenerlebnisse bieten. Dadurch

P. Steiner, *Quick Guide Duftmarketing*, Quick Guide, https://doi.org/10.1007/978-3-658-48877-2_5

lässt sich Produktdifferenzierung und Markenpräferenz optimal realisieren. Der POS wird zum Point of Experience (POE). Ziel dabei ist es, dass sich eine hohe Markenloyalität des Konsumenten einstellt. Dies wird erreicht, indem die alltägliche Verwendung des Markenprodukts dem punktuellen Markenerlebnis vor Ort entspricht.

Grundsätzlich ist zu beachten, dass multisensorische Markenerlebnisse am POS, als subjektiv empfundene, im inneren der Konsumenten entstehende Emotionen, vom Anbieter nicht „garantiert" werden können, da es entscheidend auf die Art der Rezeption und Verarbeitung durch den Kunden ankommt, ob ein Erlebnisangebot auch tatsächlich zu einem empfundenen Erlebnis wird oder nicht: Kaufen lässt sich immer nur das Erlebnisangebot, nicht das Erlebnis selbst – dieses muss jeder in eigener Regie produzieren.

Beispielsweise zählt die US-Kaffeehauskette Starbucks zu jenen Unternehmen, die erfolgreich eine multisensorische Markenführung verfolgen. Durch die multisensorische Gestaltung der Outlets (u. a. typischer Kaffeegeruch, gediegene Wohnzimmeratmosphäre) wird der Kunde im Inneren des Cafés mit mehreren Sinnen angesprochen und erlebt folglich die Marke Starbucks multisensorisch.

Auch das US-Modehaus Abercrombie & Fitch setzt auf ein multisensorisches Markenerlebnis. So ist das Unternehmen bekannt für den Mix aus Kleidung, lauter Musik, verführerischem Duft und halbnackten Models.

Dieses Kapitel analysiert zwei Unternehmen, die ihre Marke erfolgreich multisensorisch kommunizieren und dabei auch Duftmarketing einsetzen bzw. eingesetzt haben. Anhand der beiden Best Practice-Beispiele Singapore Airlines und MINI wird der Einsatz multisensorischer Markenführung ausführlich erläutert.

5.1   Singapore Airlines

Das Unternehmen Singapore Airlines (SIA) ist die prototypische Ausprägung einer Markenplattform. Bei Fluglinien ist das Markenerlebnis am unmittelbarsten nachzuvollziehen, denn was ist der Innenraum eines Flugzeuges anderes als die Präsentation der eigenen Marke.

Singapore Airlines war weltweit die erste Fluggesellschaft, die Anfang der 1970er Jahre ihren Gästen in der Economy-Class Kopfhörer kostenlos zur Verfügung gestellt hat. 1991 war es an Bord einer SIA zum ersten Mal während eines Fluges überhaupt möglich, über Satellit zu telefonieren. Zehn Jahre später folgte ein globales Inflight-E-Mail-System für alle Passagiere.

SIA hat schon früh begonnen sich multisensorisch in Szene zu setzen. So wurde 1968 die bekannte „Sarong Kebaya" Uniform vorgestellt und die international bekannten Flugbegleiterinnen der SIA, auch als Singapore Girls bekannt, debütierten. Ein Hauptfaktor des großen Erfolges von SIA ist der herausragende Kundenservice, wobei die überdurchschnittliche Aufmerksamkeit, die Singapore Airlines ihren Passagieren widmet, durch das Singapore Girl symbolisiert wird.

Die Stewardessen steuern nicht nur durch ihr einheitliches Aussehen – die Farben der Uniform sind mit den Markenfarben der Corporate Identity abgestimmt – einen Beitrag zur Marke bei, sondern sind durch ihr komplettes Auftreten und Verhalten entscheidend an der Bildung der Markenplattform beteiligt. Während viele Fluggesellschaften den multisensorischen Aspekt in der Markenführung Jahre lang ignoriert haben, hat sich Singapore Airlines, die sich als „Entertainment Gesellschaft in der Luft" betrachtet, schon sehr früh zum Ziel gesteckt, seinen Kunden ein multisensorisches Markenerlebnis zu bieten.

SIA setzt seit Ende der 1990er Jahre das speziell für die Fluglinie entwickelte Aroma „Stefan Floridian Waters" in der Flugkabine ein, welches auch als Markenduft des Unternehmens patentiert worden ist. Dieser Duft bildet die Grundlage des Parfums der Singapore Girls und des gesamten Flugpersonals. Außerdem wird dieses spezielle Aroma den „Hot Towels" zugefügt und sogar über die Klimaanlage in der Kabine verströmt. „Stefan Floridian Waters" wurde somit zum Markenzeichen für Singapore Airlines (Linxweiler & Siegle, 2008).

Die Farben an Bord, die mit dem Make-Up und der Uniform der Flugbegleiterinnen harmonieren, gewährleisten eine einheitliche visuelle Kommunikation der Marke. In den Werbespots und den Lounges von SIA, wie auch in der Kabine kurz vor Abflug und bei der Landung, werden stets bestimmte asiatisch anmutende Klänge gespielt, die als Corporate Sound der Markenplattform Singapore Airlines fungieren.

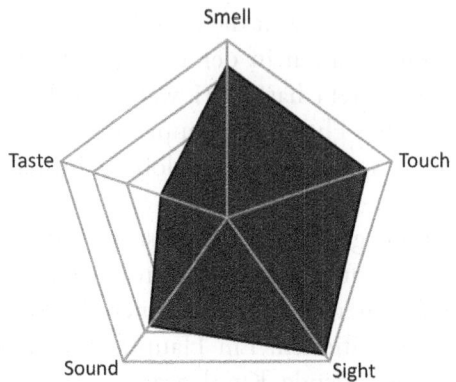

Abb. 5.1 Multisensorisches Profil von Singapore Airlines

Exquisite Küche ist auch an Bord in allen Klassen Standard. Ein internationales Expertenteam – bestehend aus Spitzenköchen und Weinkennern – zeichnet für das leibliche Wohl an Bord verantwortlich. Abb. 5.1 zeigt in Anlehnung an Lindstrom (2005) das multisensorische Profil von Singapore Airlines.

Auch die haptischen Erlebnisse kommen an Bord nicht zu kurz, denn alle Gäste erhalten an Bord „Hot Towels" vor dem Abflug, die mit dem Markenduft „Stefan Floridian Waters" angereichert sind. Somit wird der haptische Sinn zugleich mit integriertem Duft angesprochen. Folglich ist das emotionale Markenerlebnis um ein Vielfaches größer und bleibt bei den Gästen stärker in Erinnerung. Zusätzlich werden Passagiere in der Business Class durch haptisch ansprechendes Geschirr verwöhnt, welches die haptische Komponente im Zuge der multisensorischen Markenführung noch verstärkt. Somit wird die Marke Singapore Airlines von den Kunden visuell, akustisch, olfaktorisch, haptisch und gustatorisch wahrgenommen. Sämtliche multisensorische Berührungspunkte mit der Zielgruppe werden herangezogen, um die Kunden gezielt mit allen Sinnen anzusprechen und in weiterer Folge stärker emotional an die Marke zu binden.

Das Unternehmen Singapore Airlines gilt als Benchmark im Bereich der multisensorischen Markenführung und zählt heute zu den erfolgreichsten Fluglinien der Welt. Zahlreiche internationale Auszeichnungen zeugen von dem außergewöhnlichen Erfolg.

5.2 MINI

Der klassische Mini wurde von Sir Alec Issigonis für die British Motor Corporation entworfen und bis zum Jahr 2000 gebaut. Anstoß für die Entwicklung des kleinen und sparsamen Automobils war die Suezkrise und der von ihr ausgelöste Treibstoffengpass im Jahr 1956. Bei seiner Einführung 1959 galt der Mini mit Frontantrieb, quer eingebautem Motor, einer platzsparenden Gummifederung, einer gemeinsamen Ölwanne für Motor und Getriebe und cleverer Raumausnutzung als technischer Geniestreich. Dieser revolutionäre und sparsame Kleinwagen mit funktionalem Design entwickelte sich zum Kultfahrzeug einer jungen, unkonventionellen und für Veränderungen aufgeschlossenen Gesellschaft und wurde bis zum Jahr 2000 über fünf Mio. Mal verkauft.

Von der internationalen Motorpresse wurde der Mini zum bedeutendsten Auto des 20. Jahrhunderts gewählt und von der Fachzeitschrift „Automobilwoche" zum „Auto des Jahrzehnts" gekürt. Durch die Übernahme der BMW Group erfuhr die Marke im Jahr 2001 einen Relaunch. Erstmals wurde mit den Modellen MINI One und MINI Cooper eine Premiummarke im Kleinwagensegment etabliert. Aktuell gibt es folgende MINI Modellreihen: MINI Cooper SE, MINI 3-Türer, MINI 5-Türer, MINI Cabrio, MINI Clubman, MINI Countryman, MINI John Cooper Works und diverse MINI-Sondermodelle.

Zur emotionalen Aufladung der Marke lehnen sich die Designer bis heute am klassischen Mini an. Die Kernelemente des heutigen MINI-Designs, die für einen hohen Wiedererkennungseffekt sorgen, sind die steile Frontscheibe, die kurzen Überhänge vorne und hinten, der Kühlergrill, das Glasband der Fahrgastzelle mit schmalen A/B/C-Säulen und die zwei großen, runden Scheinwerfer, die schon für den Ur-Mini charakteristisch waren. Durch den wahrnehmungspsychologischen Ableitungsansatz können die jeweiligen Markenwerte in die Formensprache umgesetzt werden.

Im MINI spiegeln sich die Ursprünglichkeit und Identität unterschiedlicher Typen menschlicher Körperformen wider. Das Ergebnis ist
eine authentische Gesamtgestalt, in der sich viele Zielgruppen wiederfin-
den. Die einfache Formsprache spricht alle Sinne an, sorgt für Langlebig-
keit und ruft durch die Stimmigkeit der einzelnen Gestaltungselemente
ein sympathisches und authentisches Bild hervor.

Der Hörsinn wird bei MINI besonders durch den Motorsound angesprochen. So ist das Sound Design des MINI Cooper S mit seinem
satten Turbo-Blubbern des MINI-TwinPower-Turbo-Motors stark dif-
ferenzierend. Aber auch das typische MINI-Blinkergeräusch oder das
Geräusch, das sich durch das Öffnen und Schließen der Autotür ergibt,
wird von vielen Kunden bewusst wahrgenommen. Auch der Tastsinn
spielt bei MINI eine bedeutende Rolle, so z. B. beim Türgriff, der in der
Regel den ersten haptischen Kontakt mit dem Auto herstellt.

Das MINI-Interieurdesign wiederum bietet ein unverwechselbares
Ambiente, das erst durch die Zusammenstellung von Formen, Farben
und Materialien entsteht. Die Kombination kreisförmiger Elemente
mit der straffenden horizontalen Geometrie des Armaturenbretts prägt
dabei ganz besonders die Formensprache. Durch die bewusste Auswahl
besonders hochwertiger Materialien wird auch der Geruchssinn angesprochen. Denn häufig lässt sich die stärkste unterbewusste Ablehnung feststellen, wenn Kunden ein Auto sprichwörtlich „nicht riechen
können". Abb. 5.2 beinhaltet das multisensorische Profil des MINI-
Produktdesigns.

Der Marke MINI ist es gelungen, eine werteorientierte Zielgruppe
anzusprechen, die sich nur bedingt anhand demografischer Kriterien
beschreiben lässt. Bei MINI ist das Marketing nicht am Produkt ausgerichtet, sondern an der Marke, die den Lebensstil (Lifestyle) ihrer
Kunden anspricht und anreichert. Obwohl die Marke stark emotional
aufgeladen ist, polarisiert sie nicht.

Die zentrale Herausforderung für die Markenführung von MINI besteht in der kontinuierlichen Steigerung der Markenbekanntheit und
in der kommunikativen Differenzierung vom Marktangebot der Wettbewerber, um den Markterfolg von MINI langfristig aufrecht erhalten
zu können. Sowohl die Einzigartigkeit der Marke als auch die hohe

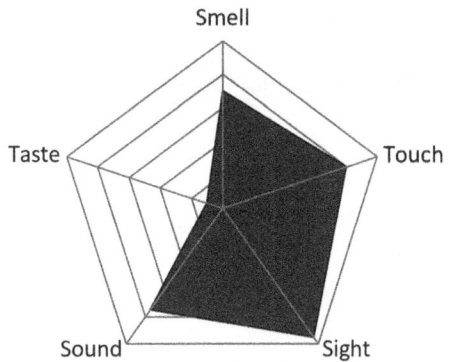

Abb. 5.2 Multisensorisches Profil des MINI-Produktdesigns

Anspruchshaltung der Zielgruppe machen hierbei den Einsatz unkonventioneller und neuartiger Kommunikationsmaßnahmen notwendig. Neben der Auswahl relevanter Kommunikationskanäle kommt es v. a. auf die Tonalität an. Umfangreiche Analysen des Mediennutzungsverhaltens der Zielgruppe zeigen die hohe Affinität der modernen Milieus gegenüber interaktiver Kommunikation und persönlicher Vermittlung von Informationen. Dementsprechend nehmen das Eventmarketing, das Markenerlebnis am Point of Sale und das Online-Marketing, insbesondere Social Media einen hohen Stellenwert in der MINI-Markenkommunikation ein.

Als einer der wichtigsten Botschafter der Marke in der Automobilindustrie fungiert die Handelsorganisation, die sowohl das markentypische Erscheinungsbild im Verkaufsraum, als auch die zielgruppengerechte Ansprache durch das Verkaufspersonal gewährleistet. Immer mehr der über 1000 MINI-Händler weltweit bieten die Marke exklusiv in eigenen Showrooms an, und dies vor allem in den Zentren der Metropolen und in urbanen Gebieten. Das Ergebnis ist ein besonders intensives MINI-Markenerlebnis. Um die Kunden im Verkaufsraum multisensorisch anzusprechen, hat beispielsweise die MINI-Niederlassung München im Jahr 2005 den Wartebereich im MINI-Showroom beduftet, wobei mit „Lemon Grass" ganz bewusst nur ein Duft Verwendung fand, um die Kunden an diesen Geruch zu gewöhnen. Obwohl die Kunden die

Beduftung im MINI-Showroom positiv wahrgenommen haben, wurde diese olfaktorische Kommunikationsmaßnahme aufgrund der hohen Kosten nach einem Jahr eingestellt.

Ihr Transfer in die Praxis

- Sie wissen nun, welche Gestaltungsmittel bekannte Marken nutzen, um ihre Kunden erfolgreich multisensorisch bzw. olfaktorisch anzusprechen.
- Analysieren Sie, ob Ihre Wettbewerber multisensorische bzw. olfaktorische Kommunikation betreiben.
- Wie sieht das multisensorische Profil für Ihre Marke(n) aus?

Literatur

Lindstrom, M. (2005). *Brand sense – Build powerful brands through touch, taste, smell, sight and sound.* Free Press.

Linxweiler, R., & Siegle, A. (2008). Markenplattformen – Erlebnis für alle Sinne. In N. O. Herbrand (Hrsg.), *Schauplätze dreidimensionaler Markeninszenierung: Innovative Strategien und Erfolgsmodelle erlebnisorientierter Begegnungskommunikation* (S. 97–118). Edition Neues Fachwissen.

6

Fazit und Ausblick

Der Mensch ist grundsätzlich verschiedenen Umweltreizen ausgesetzt, die er über die fünf Sinnesorgane Augen, Ohren, Nase, Zunge und Haut aufnimmt. Es wird jedoch nur ein Bruchteil dessen, was wahrnehmbar ist, auch tatsächlich wahrgenommen, da nur wenige Reize die Wahrnehmungsschwelle überschreiten. Markenbotschaften werden aktuell oft nur mono- oder duosensual kommuniziert, d. h. auf ein oder zwei Sinneskanälen – meist visuell und akustisch. Dadurch verschenken Unternehmen erheblich Potenzial, um ihre Marken besser bekannt zu machen und auf einzigartige Weise im Gedächtnis der Konsumenten zu verankern.

Unternehmen stehen vor der Herausforderung, ihre Markenwerte durch möglichst viele Sinne gezielt zu vermitteln, um sich von der Konkurrenz explizit abzuheben und Konsumenten langfristig an ihre Marke zu binden. Das hat Gültigkeit für alle Sinnesebenen, die Markenzeichen senden können, von der Akustik bis hin zum Duft. Die Bedeutung der verschiedenen Sinne im Rahmen der Markenkommunikation variiert jedoch branchenabhängig. So nehmen u. a. in der Automobil- und Lebensmittelindustrie die unterschiedlichen Sinnesmodalitäten eine hohe Bedeutung ein.

© Der/die Autor(en), exklusiv lizenziert an Springer Fachmedien Wiesbaden GmbH, ein Teil von Springer Nature 2025
P. Steiner, *Quick Guide Duftmarketing*, Quick Guide,
https://doi.org/10.1007/978-3-658-48877-2_6

Im Rahmen der Markenführung, insbesondere der identitätsbasierten Markenführung, hat bisher die visuelle Dimension eine dominante Rolle gespielt hat. Aktuelle wissenschaftliche Beiträge stellen die Erweiterungen der visuellen Dimensionen um weitere sensorische Dimension in den Mittelpunkt der Untersuchung. Neben den schon lange verwendeten visuellen und auditiven Stimuli steigt bei Unternehmen das Interesse am Einsatz anderer Sinnesreize.

Der Mensch kann tausende verschiedener Duftstoffe unterscheiden und manche Düfte noch in extremer Verdünnung wahrnehmen. Lange Zeit galt der Geruch als ein „verlorener Sinn". Er zählt zu den „niederen" Sinnen bei uns Menschen. Aber gerade in der heutigen Zeit, in der wir mit einer visuellen und akustischen Reizüberflutung konfrontiert sind, tritt der Geruch mehr in den Vordergrund.

Im Rahmen von Duftmarketing, das eine Teildisziplin des Multisensorischen Marketings darstellt, stehen olfaktorische Wahrnehmungsprozesse von Produkten und Dienstleistungen im Zentrum der Betrachtung. Duftmarketing kann sowohl Umgebungsdüfte, Produkt-/Dienstleistungsdüfte, beduftete Werbematerialien oder beduftetes Personal umfassen. Letztlich geht es darum, mithilfe von Duftstoffen den Absatz von Produkten und Dienstleistungen positiv zu beeinflussen bzw. zu steigern, als auch das Markenimage und die Kundenbindung zu stärken.

Markeninhaber haben in den letzten Jahren große Anstrengungen unternommen, um ihre innovativen Markenformen in das Markenregister eintragen zu lassen. Markenformen bestimmen die unterschiedlichen Wirkungsarten von Marken als Kommunikationszeichen auf die menschlichen Sinnesorgane. Marken können sowohl den visuellen, den auditiven, den olfaktorischen, den gustatorischen als auch den haptischen Sinn ansprechen. Das Deutsche Patent und Markenamt (DPMA) unterscheidet 14 unterschiedliche Markenformen, die registriert werden können. Durch das in 2019 in Kraft getretene Markenrechtsmodernisierungsgesetz (MaMoG) kam es zu bedeutsamen Änderungen im Markengesetz und in der Markenverordnung. Eine bedeutsame Änderung ist der Wegfall der grafischen Darstellbarkeit von Markenformen. So können – Schutzfähigkeit vorausgesetzt – Duftmarken (Geruchsmarken) in den vorgesehenen elektronischen Formaten sowie sonstigen Markenformen eingetragen werden.

Der systematische Einsatz von (Raum-)Düften als Marketinginstrument findet im Dienstleistungsbereich zunehmend Beachtung. Aus Sicht der Unternehmen bietet eine aktive Gestaltung der Dienstleistungsumgebung mit Raumdüften vielfältige Potenziale. Es konnte nachgewiesen werden, dass eine semantische Verbindung zwischen den Reizen zu signifikant besseren Ergebnissen führt als wenn zwischen den Reizen kein Zusammenhang besteht. So werden Musik und Duft ab dem Überschreiten der Wahrnehmungsschwellen immer wahrgenommen, da der Mensch Ohren und Nase nicht verschließen kann. Während Elemente der optischen Ladengestaltung nur dann ihre Wirkung entfalten, wenn der Konsument seinen Blick bzw. seine Aufmerksamkeit auch tatsächlich auf die entsprechenden Elemente richtet, können Musik und Duft ihre Wirkungskraft in der gesamten Verkaufsfläche permanent entfalten. Außerdem wirken Musik und Duft unbewusst und können ohne große kognitive Anstrengungen verarbeitet werden. Daher können sie gerade dann Emotionen und Informationen vermitteln, wenn der Konsument über ein niedriges Involvement verfügt.

Obwohl unser Geruchssinn nur rund 3,5 % unserer Sinneseindrücke beisteuert, haben Millward Brown und Lindstrom (2005) in ihrer BRAND sense Studie herausgefunden, dass der Geruchssinn für Konsumenten bei Kaufentscheidungen nach dem Sehsinn die zweithöchste Priorität genießt. Bisher haben sich weniger als drei Prozent der Fortune 1000 Unternehmen mit Duft als Markenbestandteil beschäftigt. In Anbetracht der Tatsache, dass der durchschnittliche Mensch täglich rund 20.000 Mal atmet und dabei jedes Mal Gerüche mit aufnimmt, so wird deutlich, welches Potenzial gezieltes Duftmarketing bietet.

Aus diversen Untersuchungen wissen wir, dass richtig ausgewählte Düfte Informationen über Produkte, Dienstleistungen und Personal liefern, die Aufmerksamkeit der Kunden am Point of Sale lenken, die Verweildauer im Geschäft verlängern, die Sortiments- und Geschäftswahrnehmung positiv beeinflussen, Spontankaufraten erhöhen, das Wohlbefinden der Kunden steigern und natürlich auch unangenehme Gerüche überdecken können. Ein Duft erhöht die Wiedererkennbarkeit einer Marke und sollte zur Corporate- bzw. Brand Identity gehören genauso wie ein Jingle, ein Logo, eine Farbe.

So konnte in Studien belegt werden, dass ein zu einer Marke passender Duft, sowie ein Duft, der sowohl zur Marke als auch zur bildhaften Werbung der Marke passt, die Einstellung zur Marke und das innere Bild positiv beeinflussen. Ein unpassender Duft erzielt hingegen negative Wirkungen. Anders als bei anderen Reizen gibt es für Düfte bislang noch keine allgemeingültige Geruchsklassifikation, was den Einsatz von Düften und die Gestaltung passender Markendüfte erschwert. Da Düfte die emotionale Attraktivität von Produkten steigern können, kann der Geruchssinn einen wesentlichen Beitrag zur Präferenzbildung von Marken leisten. So lassen sich 24 bis 38,5 % der Präferenzbildung bei Shampoos durch Dufteinfluss erklären.

Insbesondere zur Kommunikation nicht wahrnehmbarer Produkteigenschaften sind Düfte bestens geeignet. Daher kommen Shampoos, Duschgels, Wasch- und Geschirrmittel sowie Haushaltsreiniger heute kaum noch ohne Parfumzusatz aus. Der Duft gilt somit als „unsichtbare Markenpersönlichkeit", mit der (nicht wahrnehmbare) Markeneigenschaften kommuniziert und eine emotionale Bindung zur Marke geschaffen werden können.

Bei Kongruenz von einem angenehmen Duft mit einem ebenso ansprechenden visuellen Eindruck, verstärkt sich nicht nur der angenehme Eindruck, sondern bleibt auch mit höherer Wahrscheinlichkeit besser in Erinnerung. Außerdem haben Forscher festgestellt, dass der Geruch vielfach die gleichen Gehirnregionen aktiviert wie der Anblick eines Produktes bzw. eines Produktlogos. Riecht der Konsument eine Pizza, dann entsteht in seinem Kopf auch das Bild einer Pizza – zusammen mit dem Pizza Hut-Logo oder dem Logo des Liebling-Italieners. Passen jedoch Duft und Bild nicht zusammen, werden sie vergessen.

Das olfaktorische Potenzial kann sich vor allem im Zusammenspiel mit weiteren Sinnesreizen gut entfalten, da multisensorische Marken als einzigartiger wahrgenommen, besser erinnert und dauerhaft präferiert werden. Jedenfalls müssen die Reize zueinander passen und ihre gegenseitige Wechselwirkung ist zu prüfen. Über die modalen Wechselwirkungen zwischen Duft, Farben, Musik, Haptik, Bildern und Beschreibungen existieren bereits diverse Studien.

Im Duftmarketing liegt eine der größten Herausforderungen in der Duftauswahl. Duft-Präferenzen sind extrem subjektiv und die Zahl verfügbarer Düfte ist astronomisch groß. Im Zuge einer Untersuchung hat man herausgefunden, dass sich ein emotionales Erlebnis nur bei jenen Düften einstellt, die bekannt sind, d. h. bei Düften, die bereits im Gehirn gespeichert sind. Für den Handel bedeutet dies, dass zu Gunsten von allgemein bekannten Düften auf den Einsatz von künstlichen, neuen Düften verzichtet werden sollte. Während Menschen in der Lage sind, Alltagsgegenstände mit verbundenen Augen innerhalb von zwei Sekunden mit nahezu hundertprozentiger Sicherheit tastend wieder zu erkennen, gelingt diese hohe Trefferquote beim Wiedererkennen von Düften nicht. Hier liegt die Wiedererkennungsleistung bekannter Düfte bei lediglich 40 bis 50 %.

Die Olfaktorik ist in der multisensorischen Markenkommunikation noch unterrepräsentiert, weil es zu wenige Informationen und zu viele Berührungsängste gibt. Die Implementierung scheitert oft an der mangelnden Risikobereitschaft von Unternehmen und an der Ignoranz der Agenturen. Besonders in Zeiten reduzierter Budgets will man lieber auf Nummer Sicher gehen als eine Strategie vorschlagen, deren Wirksamkeit sich nicht umgehend, z. B. mit Erfolgszahlen von Mitbewerbern, belegen lässt.

Im Gegensatz zum Sehen und Hören, die als verlässlich angesehen werden, weil sie am besten erforscht sind und Zahlen zum „Return on Investment" (ROI) liefern, existieren für den Geruchssinn keine harten ROI-Zahlen. Duft alleine kann keine Marke positionieren oder ein Produkt verkaufen aber eine wachsende Zahl an Marketingexperten versteht den Wert im Zusammenspiel der Sinnesstimulationen.

Olfaktorische Reize müssen hinsichtlich ihrer Reichweite, Wahrnehmung und der geeigneten Kommunikationsform geprüft werden. Neben der klassischen Kommunikation (Above-the-Line-Werbeform), die überwiegend mit visuellen und akustischen Reizen die Sinne anspricht, bietet vor allem die Below-the-Line-Kommunikation (u. a. Verkaufsförderung am POS, Events, Sponsoring) die Möglichkeit zur (multisensorischen) Vermittlung von olfaktorischen Markenerlebnissen. Die multisensorische Beeinflussung des Konsumenten innerhalb von Räumlichkeiten über die fünf Sinne wird zukünftig durch die technische Entwicklung multisensorischer Beeinflussungstechniken an Bedeutung zunehmen. Auf Erregung bezogene Studien zum Verbraucherverhalten

haben jedoch auch gezeigt, dass ein Übermaß an sensorischem Aus-
druck vermieden werden sollte. Das Idealniveau von Stimulation und
Erregung variiert von Mensch zu Mensch. Während unterhalb des
Punktes der optimalen Erregung Langeweile einsetzt, kann es zur Ner-
vosität, Gereiztheit bzw. Verärgerung kommen, wenn die optimale
Stimulation überschritten wird.

Die Herausforderung in der Implementierung ist, den richtigen
Touch Point zur Zielgruppe mit dem jeweils dafür geeigneten sensorischen Medium zu belegen. Die meisten Ansätze im multisensorischen
Marketing sind jedoch nur Insellösungen und keine ganzheitlichen und
integrierten Konzepte. Multisensorisches Branding ist keine Frage der
Unternehmensgröße, sondern eine Frage der Markenvision der Unternehmensleitung, verbunden mit dem Verständnis um die Vorteile einer
multisensorischen Ausrichtung. Ob eine sensorische Komplettausrichtung einer Marke notwendig und machbar ist, ist für jedes Unternehmen im Einzelfall zu analysieren und zu entscheiden.

7

Experteninterviews

Experteninterview 1

Prof. Dr. Marko Sarstedt
Institute for Marketing
Ludwig-Maximilians-Universität München

Prof. Dr. Marcel Lichters
Fakultät für Wirtschaftswissenschaften
Lehrstuhl BWL II – Professur für Marketing und Handelsbetriebslehre
Technische Universität Chemnitz

Steiner Was verstehen Sie unter Duftmarketing?

Sarstedt/Lichters Beim Duftmarketing handelt es sich um eine Teildisziplin des Sensory Marketings, in der es vornehmlich um die Rolle olfaktorischer Wahrnehmungsprozesse von Produkten und Dienstleistungen geht. Sinnvollerweise kann man die vielen Themengebiete im Duftmarketing wiederum danach einteilen, ob mit Umgebungsdüften, Produkt-/Dienstleistungsdüften, bedufteten Werbematerialien oder beduftetem Personal gearbeitet wird.

© Der/die Autor(en), exklusiv lizenziert an Springer Fachmedien Wiesbaden GmbH, ein Teil von Springer Nature 2025
P. Steiner, *Quick Guide Duftmarketing,* Quick Guide,
https://doi.org/10.1007/978-3-658-48877-2_7

Steiner Wann sind Sie das erste Mal mit Duftmarketing in Berührung gekommen?

Sarstedt Ich bin mit dem Themenbereich im Jahr 2011 in Berührung gekommen, als mir Anna Girard, damals noch Doktorandin an der Ludwig-Maximilians-Universität München, von ihrem Dissertationsprojekt zu Umgebungsdürften mit der Deutschen Bahn berichtet hat. Wir haben uns in den nächsten Jahren immer wieder zum Stand des Projekts ausgetauscht und schließlich gemeinsam einen Forschungsartikel hierzu veröffentlicht. Das Themenfeld hat mich gleich gepackt, vielleicht auch wegen dem inhaltlichen Bezug zu einem meiner Lieblingsbücher – Patrick Süskinds „Das Parfum".

Lichters Das war bei mir ebenfalls im Jahr 2011, als ich als Junior Project Manager im Bereich Sensory Marketing beim Göttinger Marktforschungsanbieter isi GmbH tätig war. Dort war ich in Dufttests eines weltweit agierenden Herstellers für Weichspüler involviert. Es ging darum, einen passenden Duft für Produkte in verschiedenen Teilen Europas auszuwählen. Dies war für mich sehr interessant, da mir zum ersten Mal bewusst wurde, dass Konsumenten in Polen ganz andere olfaktorische Vorlieben haben als z. B. Konsumenten in Italien.

Steiner Wie funktioniert Duftmarketing?

Sarstedt/Lichters Das kommt ganz auf den Einsatzbereich an. Wenn wir beispielsweise über beduftete Werbematerialien sprechen, dann können Düfte dabei helfen, Emotionen und Bedürfnisse zu triggern, was die Marketingbotschaft häufig überzeugender macht. Produkten zugesetzte Düfte können die multisensorische Gesamtwahrnehmung eines Produktes verbessern – z. B. ein Bananen-Smoothie, dessen Flasche nach dem Aufbrechen des Frischesiegels intensiv nach Banane duftet. Andererseits können Aromen, die beim Verzehr im Rachenraum freigesetzt werden, unser Geschmackserlebnis mitbestimmen. Darüber hinaus wird Duftmarketing jedoch auch dazu eingesetzt, Fehlgerüche zu neutralisieren oder zu maskieren. Dadurch wird das Serviceerlebnis positiv beeinflusst, beispielsweise im Kontext von Bus- oder Bahnreisen, bei denen die olfaktorische Umgebung häufig nicht so angenehm ist. Diverse Forschungsarbeiten zeigen zudem, dass Düfte unsere Produktauswahlentscheidungen beeinflussen. So sorgen warme versus kalte Umgebungsdüfte dafür, dass wir eine Verkaufsumgebung als wärmer wahrnehmen. Dies führt zu kompensatorischen Produktauswahlentscheidungen, beispielsweise durch den Kauf von Luxusprodukten, die gemeinhin als „kalt" wahrgenommen werden. Düfte können auch unseren Appetit auf Lebensmittel anregen, wenn wir ihnen kurzzeitig ausgesetzt sind. Daher ist es auch sinnvoll, dass Backshops im Eingangsbereich von Supermärkten gelegen sind. Anders verhält es sich bei langer Exposition. Sind wir den Düften sehr lange ausgesetzt, dann sinkt unsere Konsumlust irgendwann wieder, weil wir mental die Konsumepisode schon detailliert „durchgespielt" haben. Umgebungsdüfte spielen auch beim Branding von Dienstleistungen und Orten eine immer größere Rolle, da sie es schaffen, Emotionen implizit (d. h. ohne unseren Willen) in unserem Gedächtnis zu verankern. Unternehmen wie Singapore Airlines arbeiten mit einem integrierten Duftkonzept, welches neben Umgebungsduft beispielsweise auch das Parfüm der Flugbegleiter umfasst. Das Land Litauen hat einen Nationalduft kreieren lassen, der auf Moos und Moschus basiert. Dieser Duft wird in ausländischen Botschaften eingesetzt und kann sogar als Mitbringsel am Flughafen erworben werden.

Steiner Welchen Stellenwert hat Duft im multisensorischen Marketing?

Sarstedt/Lichters Mit Blick auf den subtilen Einfluss, den Düfte auf das Konsumentenverhalten ausüben, ist der Stellenwert von Düften im multisensorischen Marketing zweifellos sehr hoch. In vielen Servicekontexten wie Hotellerie oder Personenverkehr sowie bei Produktkategorien wie Lebensmittel und Automobile hat man erkannt, dass es ohne ein aktives Duftdesign nicht geht. Insgesamt betrachtet ist das Duftmarketing in der Unternehmenspraxis aber noch unterentwickelt. Anderen Sinnesmodalitäten wird deutlich mehr Beachtung gewidmet – man denke nur einmal an die Unsummen, die in die Optimierung von Produkt- und Verpackungsdesigns (visuell) oder die Ergonomie von Produkten (haptisch) fließen.

Steiner Was sind Erfolgsfaktoren für Duftmarketing?

Sarstedt/Lichters Auch wenn es kein universelles Erfolgsrezept gibt, so kann man doch einige dienliche Faktoren herausstellen.

- Beim Duftmarketing ist es wichtig, das Produkt oder die Dienstleistung als Ganzes zu betrachten. Bei Waschmitteln und Weichspülern hat der Produktduft beispielsweise auch einen Einfluss darauf, wie weich oder hart wir die gewaschenen Textilien empfinden. Es sind also beim Einsatz von Duft so genannte cross-modale Interaktionen zu beachten. Unsere Sinneseindrücke in einer Modalität (z. B. Haptik) werden oft durch Eindrücke aus anderen Modalitäten (z. B. Geruch) beeinflusst.
- Wichtig ist auch, dass wir bestimmte Düfte intuitiv als anregend (z. B. Eukalyptus), und andere eher als beruhigend (z. B. Lavendel) wahrnehmen. Dies hat Konsequenzen im Hinblick darauf, welche Düfte wir in verschiedenen Situationen erwarten und als angebracht betrachten. Anregende Düfte wären somit eher für das Fitnessstudio geeignet, während der Einsatz beruhigender Düfte eher im Kontext von Flug- oder Zugreisen Sinn macht.
- Duftpräferenzen, mit Düften in Verbindung stehende Assoziationen und auch die Vorstellung darüber, welche Düfte in welchen Situationen als angebracht betrachtet werden, sind kulturell und regional sehr heterogen. Während beispielsweise ein Haushaltsreiniger in Deutschland nach Zitrone riechen muss, um als säubernd wahrgenommen zu werden, muss der gleiche Reiniger in Spanien leicht nach Chlor riechen. Gerade multinationale Unternehmen sollten daher im Duftmarketing regional agieren.
- Neben dem Dufttyp spielt auch die Duftkonzentration eine wesentliche Rolle. So wirkt ein Zitronenduft erst bei hoher Konzentration aktivierend, während er bei niedriger Konzentration als entspannend wahrgenommen wird. Im Gegensatz hierzu werden eher entspannende Düfte wie Erdbeere und Lavendel bei höherer Konzentration als zunehmend aktivierend wahrgenommen. Dieses Wechselspiel zwischen Intensität und Wirkung muss bei der Implementierung eines Duftes beachtet werden.

- Zuletzt ist beim Einsatz von Düften im Bereich Branding sicherzustellen, dass der eigene Duft hinreichend Differenzierungskraft zur Konkurrenz bietet. Dies ist in der Praxis regelmäßig eine Herausforderung, da sich „Duftmarken" je nach Markt nur schwer schützen lassen.

Steiner Wie gut ist das Thema Duftmarketing wissenschaftlich untersucht?

Sarstedt/Lichters Forschung zu olfaktorischen Wahrnehmungen hat eine lange Tradition in Forschungsfeldern wie der Psychophysik, (Umwelt-)Psychologie und Physiologie. Gleichzeitig hat die Marketingforschung in den letzten Jahren enorme Fortschritte gemacht, insbesondere bei der Erforschung des Einflusses von Umgebungsdüften auf Wahrnehmungen und Konsumentscheidungen. Nichtsdestotrotz existiert noch viel Forschungsbedarf. Aufgrund der praktischen Umsetzungsprobleme gibt es noch vergleichsweise wenige Arbeiten, welche den Erfolg von Duftmarketingstudien im Feld (vs. kontrolliertem Labor) untersuchen, insbesondere über einen längeren Zeitraum. Hierdurch wird es schwer, den finanziellen Wertbeitrag von Duftmarketing zu quantifizieren.

Steiner Welche gelungenen Beispiele aus dem Bereich des Duftmarketings fallen Ihnen spontan ein?

Sarstedt/Lichters Da gibt es einige spannende Beispiel:

- Die Hundefuttermarke Beneful hat einmal Litfaßsäulen mit Plakaten versehen, die den Duft des Hundefutters emittiert haben. Das war originell und hat dafür gesorgt, dass die Aufmerksamkeit auf das Werbematerial quasi „beiläufig" vom geliebten Haustier erzeugt wurde.
- McCain hat Aufsteller in Supermärkten vor dem Tiefkühlregal platziert, welche den Duft von frisch frittierten Pommes Frites freigesetzt haben. Diesem kann man sich nun wahrlich schwer entziehen.
- Die Modehandelskette Abercrombie & Fitch ist in vielerlei Hinsicht ikonisch. Zum Beispiel für den spezifischen Umgebungsduft

„Fierce", welcher aus den Verkaufsfilialen bekannt geworden ist. In Kombination mit den, ebenfalls sehr beliebten, durchtrainierten männlichen Models hat sich der Duft auch als Verkaufsschlager im Parfümbereich etabliert.

- Als die Marke Method als Anbieter für Haushaltsreiniger ihren Siegeszug in den USA gestartet hat, waren es vor allem auch sehr ungewöhnliche, jedoch angenehme Düfte wie Melone oder Cocos, welche die eigenen Reinigungsprodukte von der Konkurrenz abgehoben haben.

Steiner Welche Fehler beobachten Sie in Unternehmen beim Einsatz von Düften im Marketing?

Sarstedt/Lichters Oft wird Duftmarketing als zweitrangig abgetan, weil sich die positiven Wirkungen teils zeitversetzt entfalten und nur schwer quantifizierbar sind. Ebenfalls wird häufig nicht genügend Zeit und Budget für Pre- und Posttests mit Konsumenten eingeplant. In diesem Kontext wird die Rolle der Duftintensität häufig unterschätzt. So kann selbst ein angenehmer und zur Verkaufsumgebung passender Duft bei zu hoher Intensität als aufdringlich und störend oder gar manipulativ empfunden werden.

Steiner Gibt es spezielle Branchen, in denen Duftmarketing bevorzugt eingesetzt bzw. vernachlässigt wird?

Sarstedt/Lichters Neben den bereits genannten Einsatzbereichen wie Lebensmittel und Automobile sind insbesondere hochpreisige Dienstleistungsbranchen für den Einsatz von Duftmarketing prädestiniert. Ein angenehmer Duft kann hier den Ausschlag für eine Kaufentscheidung oder das positive Serviceerlebnis geben. Hierzu gehören beispielsweise Luxushotels, aber auch Gesundheitsdienstleistungen wie Wellnessanwendungen und Aufenthalte in Spezialkliniken. Bei niedrigpreisigen Dienstleistungen wie beispielsweise im öffentlichen Personennahverkehr wird Duftmarketing hingegen sehr wenig eingesetzt, obwohl dies sicherlich lohnenswert wäre, auch aus Sicht eines Stadtmarketings. Weiterhin kennt jeder von uns die Situation, dass einem beim „unboxing" von

Produkten aus dem Online-Handel erstmal ein schlechter Geruch in die Nase steigt. Insofern ist es auch überraschend, dass vor allem asiatische Textilhersteller oder Produzenten von Elektrogeräten kein aktives Duftmarketing betreiben.

Steiner Wie sehen Sie die Zukunft des Duftmarketings?

Sarstedt/Lichters Immer mehr Unternehmen erkennen, dass der geschickte Einsatz von Düften Konsumentenwahrnehmungen und -entscheidungen positiv beeinflusst und vergleichsweise kostengünstig umzusetzen ist. Mittlerweile existieren im deutschsprachigen Raum diverse spezialisierte Beratungsunternehmen, die sich dem Duftmarketing verschrieben haben, sodass Unternehmen die Expertise nicht langwierig intern aufbauen müssen. Gleichzeitig muss aber beachtet werden, wie es um die gesellschaftliche Akzeptanz von Duftmarketing zukünftig bestellt sein wird – hier haben wir in der Vergangenheit von Medienseite so manche kritische Nachfrage auf unsere Forschungsarbeiten erhalten. Gerade wenn es um den Einsatz von Duft in Werbemitteln oder um den subtilen, kaum wahrnehmbaren Duft in Umgebungsduftkampagnen geht, könnte es sein, dass die Gesellschaft solche Maßnahmen irgendwann einmal als manipulativ abstraft. Welche Auswirkungen dies haben könnte, können wir uns am Beispiel des Einsatzes von subliminaler Werbung herbeidenken. Subliminale Werbung, z. B. durch blitzschnell auftauchende Einblendungen auf dem heimischen TV-Schirm, sind in vielen Staaten wie Australien und UK gesetzlich unterbunden – und dies, obwohl die Wirkung solcher Marketinginstrumente wissenschaftlich höchst umstritten ist.

Steiner Ich bedanke mich für das Interview!
01.12.2021

Experteninterview 2

Prof. Dr. Patrick Hehn
Professor für Marketing und Konsumentenpsychologie
Hochschule Harz

Steiner Was verstehen Sie unter Duftmarketing?

Hehn Hier würde ich auf eine Definition von Bernd Schubert und mir aus dem Jahr 2008 zurückgreifen: Wenn man sich die grundlegenden psychologischen Riechfunktionen gezielt zu Nutze macht, um durch die Verwendung von Duftstoffen in Marketingmaßnahmen die Vermarktungsbedingungen derart zu beeinflussen, dass sie den Absatz von Produkten und Dienstleistungen fördern, dann haben wir das als Duftmarketing bezeichnet. Mit dieser Definition kann ich nach wie vor gut leben.

Steiner Wann sind Sie das erste Mal mit Duftmarketing in Berührung gekommen?

Hehn Das ist schon ziemlich lange her. Es wird 1998 oder '99 gewesen sein, als mich die isi GmbH (Institut für Sensorikforschung und Innovationsberatung) in Göttingen fragte, ob ich sie im Bereich der Duftforschung unterstützen wolle. Ich habe mich in das Wagnis gestürzt, obwohl ich damals noch gar keine Vorstellung davon hatte, welchen Einfluss Düfte auf das Kauf- und Konsumverhalten haben sollen. Die ersten Studienergebnisse weckten schnell mein Interesse und meine Neugier, sodass ich mich letztlich in diesem Bereich spezialisiert habe. Im Laufe der Jahre hat sich eine Vielzahl von Studien angesammelt, von denen die meisten als Auftragsstudien leider nicht veröffentlicht werden durften. An der Hochschule ist das nun anders. Mit Studierenden habe ich hier beispielsweise eine Eye Tracking-Studie zur duftbedingten visuellen Aufmerksamkeit am Point of Sale durchgeführt, deren Ergebnisse auf dem Pangborn-Symposium 2019 in Edinburgh präsentiert wurden. Aber auch vor meiner Hochschulzeit war ich an wissenschaftlichen Studien beteiligt, von denen einige im Buch „Marketing mit Duft" von Knoblich, Scharf und Schubert publiziert wurden.

Steiner Wie funktioniert Duftmarketing?

Hehn Damit sprechen Sie sowohl technische als auch psychologische Aspekte an. Mit meinem psychologischen Fokus würde ich Duftmarketing herunterbrechen auf die Aussage, dass man Düfte als Anker für

Assoziationen nutzt, um Wirkungen zu erzielen. Duftassoziationen würde ich dabei recht weit fassen. Sie können sich auf mögliche Duftquellen beziehen (Informationsfunktion von Düften: wonach riecht es ungefähr, was weiß ich über die Duftquelle?) sowie auf frühere persönliche Erlebnisse im Duftkontext, die mehr oder weniger positiv bzw. negativ gewesen sein können (Erlebnisfunktion, aus der sich wiederum die Duftbeurteilung ergibt). Wenn man einen bestimmten Duft riecht, dann kann er derartige Assoziationen im Gedächtnis aktivieren und entsprechende Emotionen auslösen, die wiederum zu Annäherungs- oder Vermeidungsverhalten führen können. Verfügt man über keine starken Duftassoziationen, kann das auch mit Indifferenz einhergehen. Diese Essenz des Duftmarketings findet sich auch in der zuvor genannten Definition wieder.

Steiner Welchen Stellenwert hat Duft im multisensorischen Marketing?

Hehn Aus meiner Sicht hat Duft einen hohen Stellenwert, sofern er technisch und konzeptionell sinnvoll eingesetzt werden kann. Meiner Erfahrung nach sind sich immer noch viele Unternehmen des Potenzials von Duftmarketing im Zusammenspiel mit anderen Maßnahmen nicht bewusst, vermutlich weil Düfte eine unsichtbare Ästhetik versprühen, die über unsere dominanten Fernsinne Sehen und Hören nicht wahrnehmbar ist. Man achtet bei der Raumgestaltung vor allem auf Materialien, Farben, Beleuchtung, Raumakustik, Mobiliar usw. und kann oft nicht nachvollziehen, was eine zusätzliche Duftfreisetzung bringen könnte. Mir ist es auch schon passiert, dass ich in Unternehmen über Studienergebnisse berichtet habe, die dann angezweifelt wurden, weil man die Duftwirkungen subjektiv nicht nachvollziehen konnte. Ich selber musste mit der Zeit auch erst ein Gefühl für Düfte als Gestaltungsfaktor entwickeln, wobei mir die Erkenntnisse aus der empirischen Forschung sicherlich dabei geholfen haben. Mit der Zeit schärft man seine Wahrnehmung für diesen faszinierenden Sinn. Hier ist an der einen oder anderen Stelle durchaus noch Aufklärungsarbeit zum Thema Duftmarketing nötig. Insofern hoffe ich, dass Ihr Buch erfolgreich wird und viele Marketingmanager es lesen.

Steiner Was sind Erfolgsfaktoren für Duftmarketing?

Hehn Duftakzeptanz. Ein Duft sollte möglichst vielen Menschen aus der Zielgruppe gefallen. Wenn dieser Punkt nicht erfüllt ist, dann kann dies vor allem bei der Raumbeduftung den Erfolg gefährden. Abhängig vom Ziel kann die Einzigartigkeit ein weiterer Erfolgsfaktor sein. Einige beliebte Düfte haben beispielsweise einen hohen Verbreitungsgrad, wie etwa Kaffee, Vanille oder Orange. Solche Düfte können durchaus zum Wohlbefinden beitragen und sogar die soziale Wahrnehmung positiv beeinflussen, aber sie eignen sich wegen ihrer hohen Bekanntheit nicht besonders gut zur Markendifferenzierung. Soll ein Duft als Branding-Element im Markenkontext für duftferne Angebote (z. B. als Markenelement von Hotels, Fluglinien, Einzelhändlern oder Finanzdienstleistern) eingesetzt werden, ist es ratsam, sich eigens für diesen Zweck von kompetenter Stelle einen einzigartigen Duft kreieren zu lassen. Als zusätzlichen Erfolgsfaktor könnte man noch an die Passung zur Marke bzw. zum Einsatzbereich denken. Die Duftpassung spielt meines Erachtens aber vor allem beim temporären Dufteinsatz eine Rolle, etwa im Rahmen von Events, um das Thema olfaktorisch zu unterstützen. Beim langfristig geplanten Dufteinsatz – z. B. bei Duft als Branding-Element – würde ich aber davon ausgehen, dass auch zunächst nur halbwegs passende Düfte mit der Zeit über Lernprozesse einen hohen Markenfit aufbauen. Von völlig unpassenden Düften würde ich aber auch hier abraten. Konsumenten lernen quasi, wie es im Markenkontext riecht, sodass die beiden anderen Kriterien – das Gefallen und die Einzigartigkeit des Dufts – für mich die entscheidenderen Faktoren sind.

Steiner Wie gut ist das Thema Duftmarketing wissenschaftlich untersucht?

Hehn Es gibt immer mehr Studien zu psychologischen Duftwirkungen, aber auch noch unbearbeitete Felder, an denen ich zurzeit forsche. Studien findet man zum Wohlbefinden unter Dufteinfluss, zur multisensorischen Gestaltung, zur Produktbeurteilung und Raumwahrnehmung, zur sozialen Wahrnehmung, zu Gedächtniseffekten, Dufteinfluss auf Marken, Kaufbereitschaft und -verhalten, zuletzt aber auch einige interessante konzeptionelle Gedanken zum Thema Smellscapes, den Gerüchen in unserer Umgebung, quasi die olfaktorisch gestaltbare riechende Landschaft. Dabei muss es nicht immer um Dufttechnik gehen. Hier experimentiert man beispielsweise auch mit urbanen Bepflanzungen. Inspirationen hierzu bietet das Buch „Designing with Smell" aus dem Routledge-Verlag.

Steiner Welche gelungenen Beispiele aus dem Bereich des Duftmarketings fallen Ihnen spontan ein?

Hehn Als bekannte Anwender in diesem Bereich fallen mir spontan Hollister und Abercrombie & Fitch ein, die ihre Marken in den Stores multisensual inszenieren und dadurch meinem Empfinden nach einzigartige Einkaufserlebnisse schaffen. Die beim Einkaufen wahrnehmbaren Düfte werden mit diesen Erlebnissen assoziiert und entsprechend den Mechanismen der emotionalen bzw. evaluativen Konditionierung positiv aufgeladen: Gefällt einem das Einkaufserlebnis, dann gefällt einem in der Regel auch der Duft als Teil dieses Erlebnisses. Wegen seiner Einzigartigkeit ist die olfaktorische Verbindung zur Marke hier stärker als sie bei „Allerweltsdüften" wäre, die man aus unterschiedlichsten Kontexten kennt.

Steiner Welche Fehler beobachten Sie in Unternehmen beim Einsatz von Düften im Marketing?

Hehn Bei der Duftfreisetzung in Räumen ist sicherlich die Duftintensität ein kritischer Punkt. Ein Duft sollte nicht so stark eingestellt sein, dass er als störend empfunden wird. In den meisten Fällen halte ich eine Intensität für angemessen, bei der der Duft nicht auffällt, also unmittelbar keine Aufmerksamkeit auf sich zieht. Der Duft soll begleiten, aber nicht dominieren. Das würde ich aber eher als Daumenregel verstehen, denn auch „auffällige" Duftintensitäten können bei entsprechender Zielgruppe und entsprechendem Duftkonzept gut funktionieren, wie das zuvor genannte Beispiel von Abercrombie & Fitch und Hollister zeigt.

Steiner Gibt es spezielle Branchen, in denen Duftmarketing bevorzugt eingesetzt bzw. vernachlässigt wird?

Hehn Abgesehen von der Produktparfümierung ist mein rein subjektiver, möglicherweise auch irriger Eindruck, dass eher inhabergeführte Unternehmen Duftmarketing einsetzen. Am häufigsten ist mir Raumbeduftung bislang in den Bereichen Freizeit und Tourismus begegnet, etwa in Wellness-Anlagen und Hotels. Es fällt mir aber schwer, genau einzugrenzen, ob Duftmarketing in bestimmten Branchen vernachlässigt wird oder nicht. Der Dufteinsatz zum Wohlbefinden der Kunden oder als Branding-Element hängt letztlich davon ab, ob Unternehmen sich für ein ganzheitliches multisensorisches Erlebniskonzept entscheiden oder nicht.

Steiner Wie sehen Sie die Zukunft des Duftmarketings?

Hehn Die Zukunft hängt letztlich vom Willen ab, sich als Marketingmanager mit den vielfältigen Duftwirkungen zu beschäftigen, um daraus sinnvolle Duftkonzepte zu entwickeln. Oftmals denkt man bei Duftmarketing an die flächendeckende Duftabgabe in Geschäften. Rein technisch gesehen bestehen aber auch diverse andere Möglichkeiten: als Welcome-Duft könnte man die Freisetzung nur im Eingangsbereich planen. Auch eine Duftabgabe in kleinen Teilbereichen ist möglich. Es gibt simple Installationen für Supermarktregale, die die Kunden selber aktivieren können, um sich einen Eindruck von verkaufsgeförderten Produkten zu machen. Gelegentlich werden Scratch & Sniff-Karten mit Produktinformationen ausgelegt. Sogar hochwertige Duftaufhänger für das Auto sind mir schon als Produktbeigabe begegnet. In der Außenwerbung gibt es immer wieder mal kreative Ideen mit Dufttechnik. Und geradezu zeitlos ist natürlich der Dufteinsatz in parfümierten Produkten. Technische Entwicklungen für virtuelle Realitäten dürften hingegen eher für die Unterhaltungsindustrie relevant sein.

Steiner Ich bedanke mich für das Interview!
11.11.2021

Experteninterview 3
Frank Rittler
MagnifiScent GmbH
Master Perfumer, Flavorist, CEO
Düsseldorf

Steiner Wann sind Sie das erste Mal mit Duftmarketing in Berührung gekommen?

Rittler Das ist schon ziemlich lange her, es war während meiner Zeit in Asien 1998. Zu dieser Zeit haben dort schon die Hotels angefangen ihre Lobbys und Flure zu beduften. Ob man das als Duftmarketing bezeichnen kann oder es nur Mittel zum Zweck war, unangenehme Gerüche zu überdecken, es war jedenfalls der Anfang.

Steiner Als einer von wenigen Parfümeuren weltweit und mehr als 30 Jahren Erfahrung in der Duftwelt sind Sie immer noch auf der Suche nach neuen Gerüchen, Düften und Herausforderungen. Was war für Sie das prägendste Erlebnis in Ihrer beruflichen Laufbahn und mit welchen Herausforderungen sind Sie (täglich) konfrontiert?

Rittler Viele Leute stellen sich vor, dass ein Parfümeur im weißen Kittel vor hunderten von Duftfläschchen sitzt und den ganzen Tag herumexperimentiert und neue Kreationen mischt. Der Alltag sieht anders aus. Ich sitze am Schreibtisch und kreiere die Düfte im Kopf, schreibe sie nieder, dann werden sie im Labor gemischt. Die Zeit ist schnelllebiger geworden und es kommen immer mehr neue Düfte (Fine Fragrance) auf den Markt, die sich dort selten so lange halten, um zu Klassikern zu werden. Die Anwendungsgebiete sind sehr komplex. Aggressive Medien, wie Badreiniger, Essigreiniger, Haar-Koloration, sollen gut riechen und den Basengeruch gut überdecken. Toilettenstein-Düfte müssen Kraft und Reinigungswirkung vermitteln, aber zugleich den Raum angenehm beduften. Die Konsumenten werden anspruchsvoller und duftaffiner. Auch 100 % natürliche Düfte werden verlangt, obwohl manchen Menschen nicht bewusst ist, dass das allergene Potenzial vieler

Naturprodukte (Basilikum, Estragon, Zimt, Nelke, Eichenmoos etc.) sehr hoch ist und wir so bei der Kreation limitiert sind.

Steiner Was zeichnet den Beruf eines Parfümeurs aus und welche Eigenschaften und Qualifikationen benötigt man dafür?

Rittler Er benötigt die physischen Voraussetzungen, darf keine Anosmien haben – eine Art Geruchsblindheit, die ihn einzelne Gerüche nicht wahr nehmen lässt, die kommt häufig bei großen Molekülen wie Moschus oder Sandelholz vor. Er muss ein gutes Assoziationsvermögen haben, um Gerüche und Düfte schnell zu erkennen. Eine chemische Grundbildung ist von Vorteil. Er muss kreativ und flexibel sein und ein gutes Durchhaltevermögen haben und an sich glauben, denn meist kommen nur 5–10 % der eigenen Kreationen auf den Markt.

Steiner Was verstehen Sie unter Duftmarketing?

Rittler Im Rahmen der Ziele eines ganzheitlichen und erfolgreichen Marketingkonzepts kann der Einsatz von Düften generell als ein Baustein der Marketing-Klaviatur angesehen werden und sowohl den direkten Absatz von Produkten und Dienstleistungen, als auch die Brand Recognition bzw. die Kundenbindung unterstützen. Das jeweilige, olfaktorische Szenario hängt dabei natürlich stark von den oben genannten und im Vorfeld festgelegten Zielen und den mentalen Konzepten der fokussierten Zielgruppen ab.

Steiner Wie funktioniert Duftmarketing?

Rittler Riechen ist integraler Bestandteil der menschlichen Wahrnehmung und, evolutionsbiologisch betrachtet, der älteste Sinn. Pheromone, unbewusst wahrgenommene Botenstoffe, haben Einfluss auf menschliches Sexualverhalten, Sympathie und Antipathie und soziale Kontakte. In diversen Metastudien wurde festgestellt, dass das Einatmen von Aromaölen auch rein physiologisch wirksam sein kann. Somit ist Riechen, neben den anderen Sinnen – Sehen, Hören, Tasten und Schmecken – Teil unserer ständigen Sinneserfahrungen und kein anderer Sinn hat eine stärkere Verbindung zum Erinnerungszentrum und Emotionszentrum. Dieser Umstand ist als „Proust-Effekt" ja weltbekannt geworden.

Insofern ist Duftmarketing prädestiniert für den Einsatz nicht nur in der sensorischen Kundenkommunikation und kann in mehreren Szenarien eine wichtige Rolle spielen:

• Der Kreation eines Markenduftes („Corporate Scent"), welcher als subtiler Botschafter die Markenwerte in sich trägt und sensorisch repräsentiert.
• Im Rahmen eines multisensorischen Konzepts am Point of Sale, bei dem die Eigenschaften von Produkten, Dienstleistungen, im Arrangement mit der Marke in einem fein abgestimmten, ganzheitlichen Belohnungskontext wettbewerbsdifferenzierend dargeboten werden.
• In der Verwendung eines atmosphärischen Raumduftes, bei dem der Fokus auf einer positiven Wahrnehmungsveränderung des Ambientes liegt. So hat z. B. Kaffee als mentales Konzept für die meisten Menschen vielerlei positive Aspekte, wie z. B. Familie, Vertrauen Gemeinsamkeit, Freundschaft, Wärme, Belohnung, Auszeit usw. Wird dieses Konzept durch einen passenden Duft aktiviert, ändert sich die Stimmungslage ins Positive. Die Verwendung eines zitronigen Duftes führt bspw. zu einer veränderten Wahrnehmung in der Hinsicht, dass ein Raum als sauberer empfunden wird.

Steiner Welchen Stellenwert hat Duft im multisensorischen Marketing?

Rittler Nicht erst seit der Brand Sense Studie ist bekannt, dass Duft eine zentrale Rolle in der multisensorischen Erlebnisvermittlung spielt. Die Verarbeitung olfaktorischer Reize erfolgt hauptsächlich unbewusst auf der Emotionsebene und erfordert daher kaum kognitive Kapazität zur Verarbeitung der Reize. Parallel sind Dufterlebnisse stark assoziativ und aktivieren Erfahrungen und Erinnerungen im Kundengehirn. Duftmarketing wird natürlich auch deswegen immer mehr das Zünglein an der Waage, weil die klassischen sensorischen Kanäle Sehen und

Hören durch immer noch mehr „Digital Signage" (Bildschirm)-Installationen in den Ladengeschäften bereits an die Grenzen der Wirksamkeit stoßen. Da wird leise zu flüstern statt laut zu schreien zum differenzierenden Faktor.

Steiner Was sind Erfolgsfaktoren für Duftmarketing?

Rittler Wer sich mit Duftmarketing ernsthaft beschäftigt, weiß, wie wichtig im Projekt eine klare Strategie mit im Vorfeld definierten Zielgruppen und Erwartungen, eine professionelle, interdisziplinäre Teamarbeit und die Einbeziehung aller zur Verfügung stehenden Rahmenparameter ist. Darin unterscheidet sich Duftmarketing nicht von anderen Projekten. Parallel dazu sollte kritisch über die Feinjustierung des ausgebrachten Quantums an Duftstoff nachgedacht werden. Es gibt Szenarien, in denen eine subliminale Dosis, also eine unterschwellige Darbietung des Reizes sinnvoll ist. Generell gilt – viel hilft nicht viel, wie gesehen am Beispiel Abercrombie. Sobald die Wahrnehmungsschwelle überschritten wird, ist der Kopf des Konsumenten mit dabei und der Duft wird bewusst reflektiert. Dessen sollte man sich bewusst sein. Unterschiedliche Zielgruppen haben laut der Erkenntnisse des Neuromarketings unterschiedliche Präferenzen in statistisch signifikanten Größen. Dies sollte unbedingt beachtet werden bei der Kreation von Düften für den Einsatz im Marketing.

Steiner Welche gelungenen Beispiele aus dem Bereich des Duftmarketings fallen Ihnen spontan ein?

Rittler Rituals, Muji.

Steiner Welche Fehler beobachten Sie in Unternehmen beim Einsatz von Düften im Marketing?

Rittler Die Erfolgsfaktoren und deren konsequente Beachtung sind oftmals auch zugleich der Stolperstein im Duftmarketing. Im Duftmarketing sollte es nicht ausschließlich darum gehen, ob dem Marketingleiter der Duft gefällt. Auch muss der Duft, wie schon erwähnt, auf das

Produkt und das Konzept abgestimmt sein, es darf nicht irgendein Duft von der „Stange" genommen werden. Düfte müssen speziell für das Projekt kreiert werden.

Steiner Wie sehen Sie die Zukunft des Duftmarketings?

Rittler Ich sehe immer noch ein großes Potential im Duftmarketing, speziell in Europa, wo wir im Gegensatz zu anderen Ländern noch viel Nachholbedarf haben, denn bei uns wollen die Manager erst fundierte Studien haben, bevor sie in das Projekt investieren. Der Glaube an das Potential des Duftes wird häufig unterschätzt.

Steiner Ich bedanke mich für das Interview!
11.11.2021

The manufacturer's authorised representative in the EU is Springer
Nature Customer Service Centre GmbH, Europaplatz 3, 69115 Heidelberg,
Germany. If you have any concerns regarding our products, please
contact ProductSafety@springernature.com

Printed and bound by CPI Group (UK) Ltd, Croydon, CR0 4YY
24/04/2026
02096375-0004